AF297287

GRAMMAIRE DES ENFANTS

AVEC

EXERCICES EN REGARD DU TEXTE

ET

MODÈLES D'ANALYSE,

PAR PLUSIEURS INSTITUTEURS.

Nouvelle Édition, revue.

Prix, cart. : 60 centimes.

CAEN :

CHÉNEL, Libraire-Éditeur.

PARIS :

HACHETTE, Libraire, rue Pierre-Sarrasin, 12.

MAIRE-NYON, Libraire, quai Conti, 13.

1855.

PROPRIÉTÉ.

Toute contrefaçon sera poursuivie selon la rigueur des lois.

OUVRAGE DES MÊMES AUTEURS:

Cours de Dictées sur toutes les règles formulées dans la *Grammaire des enfants*, suivi d'exercices de style. Un vol. in-12 de près de 400 pages; 1 fr. 75 c. (*Sous presse*).

AVERTISSEMENT DE LA 1re ÉDITION.

Nous avons composé ce petit livre dans le seul but d'être utiles aux enfants de nos écoles.

Nous nous sommes donc appliqués à le rendre aussi simple, aussi méthodique et aussi complet que possible, en omettant toutefois les règles ou les exceptions qui ne sauraient convenir au jeune âge. Nous nous sommes attachés en outre à ne jamais séparer la théorie de la pratique, convaincus que s'il est nécessaire de donner aux enfants des règles qui soient à la portée de leur intelligence, il faut aussi les habituer de bonne heure à faire l'application de ces mêmes règles.

Cette petite *Grammaire* peut se diviser en trois parties ou cours différents.

Le premier cours comprend les numéros marqués d'un astérique ; il est destiné aux commençants. — Le second cours, comprenant tous les numéros en gros caractère, et le troisième, c'est-à-dire tout l'ouvrage, devront être appris successivement par les élèves plus avancés.

On pourrait aussi ne la diviser qu'en deux parties : le *grand* et le *petit* texte.

Quant aux *exercices*, ils se partagent de la même manière.

Ces *exercices* ne sont pas les seuls que l'on puisse présenter aux élèves. Il en est un, entre autres, que nous n'avons pu faire entrer dans ce volume, mais que nous devons indiquer ici parce que nous le considérons comme le complément *indispensable* de toute étude grammaticale. Il consiste à faire rapporter par écrit, aux plus instruits des élèves, une historiette qu'on leur a lue une ou plusieurs fois. Ces simples récits, qui ont pour but d'accoutumer les enfants à exprimer convenablement leurs idées, peuvent être ensuite utilement suivis de quelques petits devoirs de style.

On trouve à la fin de la *Grammaire* deux chapitres (13 et 14) que nous n'avons placés là que pour nous conformer à l'usage. Nous pensons, après des autorités très-compétentes, que ces chapitres peuvent et même doivent être appris avant tout, puisque les remarques qu'ils comprennent sont relatives à la *lecture* et à l'*orthographe usuelle*, qu'il est si important de bien posséder d'abord, et que d'ailleurs l'étude de ces remarques n'exige pas la connaissance préalable des règles de la grammaire.

Disons en terminant que si cet ouvrage a quelque mérite, il doit être uniquement attribué aux lumières et à l'expérience de nos supérieurs, qui ont bien voulu revoir notre travail et nous honorer de leurs conseils, et qui nous ont constamment témoigné la plus grande bienveillance.

PRÉFACE DE LA SECONDE ÉDITION.

Les encouragements de nos supérieurs, et l'accueil favorable que nos confrères ont fait à cette petite *Grammaire*, que nous avions composée principalement pour notre usage personnel, nous ont imposé de nouvelles obligations. Nous avons cru qu'il était de notre devoir de soumettre ce petit livre à une révision sérieuse ; en conséquence, non-seulement nous avons reçu avec reconnaissance toutes les observations que l'on a bien voulu faire aux éditeurs, nous avons même provoqué les critiques afin d'en profiter, et nous nous estimons bien heureux de pouvoir offrir aujourd'hui, aux instituteurs de l'enfance, un travail que nous nous sommes efforcés de rendre moins indigne de leurs suffrages. — On s'apercevra facilement que quelques additions ont été faites ; que plusieurs règles, qui n'étaient pas suffisamment claires ou précises, ont été retouchées ; qu'un certain nombre de phrases des exercices ont été supprimées, corrigées ou remplacées par d'autres qui nous ont paru plus convenables ; en un mot, on pourra se convaincre que le désir de mieux faire nous a constamment animés, et que si notre révision n'est pas toujours éclairée, du moins notre conduite a toujours été consciencieuse.

Quelques-uns de nos confrères se sont plaints de la grande simplicité des définitions et des règles et du peu de difficultés qu'offrent les exercices. Qu'il nous soit permis de répondre qu'à nos yeux c'est là le principal mérite de cet ouvrage. Cette petite *Grammaire* a été composée pour des enfants dont le vocabulaire est fort restreint, dont l'intelligence est parfois très-bornée ; nous avons cru que, quelque soin que nous prissions d'être simples, les difficultés resteraient toujours grandes pour eux, c'est pourquoi nous nous sommes si fortement attachés à être surtout clairs et précis dans la théorie ; simples, moraux et religieux dans les exercices. L'homond, notre modèle et notre maître, pensait comme nous sur ce point.

Les Instituteurs et Institutrices trouveront au surplus dans le *Cours de dictées* que nous publions, un grand nombre d'exercices gradués qui offrent toutes les difficultés désirables. Ils y trouveront également les histoires et sujets de lettres formant le complément dont il est parlé dans l'avertissement ci-contre (1re édition).

GRAMMAIRE DES ENFANTS.

NOTIONS PRÉLIMINAIRES.

***1.** — Il y a deux sortes de lettres : les *voyelles* et les *consonnes*.

***2.** — Les *voyelles* sont : a, e, i, o, u, y.

***3.** — Les *consonnes* sont les autres lettres, savoir : b, c, d, f, g, h, j, k, l, m, n, p, q, r, s, t, v, x, z.

4. — Il y a trois sortes d'*e* : e *muet*, é *fermé*, è *ouvert*.

5. — L'*e muet* se prononce e, comme dans *me*, *de*, *livre*, *plume*. Il n'y a jamais d'accent dessus. (*)

6. — L'*é fermé* se prononce é, comme dans *thé*, *café*, *dîner*. Il y a presque toujours *un accent aigu* dessus.

7. — L'*è ouvert* se prononce è, comme dans *procès*, *chêne*, *sujet*. Il y a presque toujours *un accent grave* ou *un accent circonflexe* dessus.

***8.** — La lettre *h* est *muette* ou *aspirée*. Ainsi, dans le mot *homme*, l'*h* est *muette*, parce qu'on ne la prononce pas, et qu'en disant *les hommes*, on fait la liaison. Dans le mot *hameau*, au contraire, l'*h* est *aspirée*, car en disant *les hameaux*, on ne fait pas la liaison.

H muettes : habit, hiver, habitant, hôtel, honneur, honnête, heureux, histoire, horloge, heure, hirondelle, humble, habitude, etc.

H aspirées : haine, hareng, honte, hardi, hibou, hanneton, houlette, hasard, hangard, harnais, halle, *hurlement*, etc.

***9.** — Il y a dix sortes de mots, savoir : le *nom*, l'*article*, l'*adjectif*, le *pronom*, le *verbe*, le *participe*, l'*adverbe*, la *préposition*, la *conjonction* et l'*interjection*.

10. — Les mots sont *variables* ou *invariables*.

11. — Les mots *variables*, c'est-à-dire ceux dont la *terminaison* peut changer, sont les *noms*, les *articles*, les *adjectifs*, les *pronoms*, les *verbes* et les *participes*.

12. — Les mots *invariables*, c'est-à-dire ceux dont la terminaison ne change pas, sont les *adverbes*, les *prépositions*, les *conjonctions* et les *interjections*.

***13.** — La *grammaire* fait connaître les différentes sortes de mots, et les règles auxquelles ces mots sont soumis.

Elle apprend à parler et à écrire sans faire de fautes.

OBSERVATION IMPORTANTE. — Les enfants doivent s'habituer à parler comme les personnes instruites ; ils doivent aussi lire avec attention les ouvrages des bons écrivains, et s'appliquer à s'exprimer comme eux.

(*) Il y a 3 *accents* : accent *aigu* ('), accent *grave* (`), accent *circonflexe* (ˆ).

CHAPITRE PREMIER.

1re espèce de mots.—Les NOMS ou SUBSTANTIFS.

*14. — Le *nom* est un mot qui sert à *nommer* une personne ou une *chose*. Ainsi les mots *homme*, *enfant*, *livre*, *plume*, etc., sont des noms.

*15. — Il y a deux sortes de noms : le nom *commun* et le nom *propre*.

*16. — Le nom *commun* est celui qui convient à toutes les personnes ou à toutes les choses de la même espèce. Ainsi, le mot *maison* est un nom *commun*, car il convient à toutes les maisons. (*)

*17. — Le nom *propre* est celui qui ne convient qu'à une seule personne ou à une seule chose, comme *Adam*, *Ève*, *Paris*, la *Seine*.

18. — Les noms d'*hommes* et de *femmes*, comme *Louis*, *Marie*, etc., sont des noms *propres*. — Les noms de *pays*, de *villes*, de *communes*, de *montagnes*, de *rivières*, etc., sont aussi des noms *propres*.

19. — Les noms *propres* commencent par une *majuscule*. Ex. *Jules*, *Esther*, la *France*, *Lyon*, les *Alpes*, la *Loire*, etc.

*20. — Dans les noms, il faut considérer le *genre* et le *nombre*.

Il y a deux genres : le *masculin* et le *féminin*.

Les noms d'*hommes* sont du *masculin*, et les noms de *femmes* sont du *féminin*.

*21. — On connaît qu'un nom est du *masculin* quand on peut mettre *le* ou *un* avant ce nom. Ainsi, *soleil* et *habit* sont du masculin, car on peut dire : LE *soleil*, UN *habit*.

*22. — On connaît qu'un nom est du *féminin* quand on peut mettre *la* ou *une* avant ce nom. Ainsi, *table* et *ardoise* sont du féminin, car on dit : LA *table*, UNE *ardoise*.

*23. — Il y a deux nombres : le *singulier* et le *pluriel*.

*24. — Un nom est au *singulier* quand il ne désigne qu'une seule personne ou *une seule* chose. Exemple : *le père*, *la mère*.

*25. — Un nom est au *pluriel* quand il désigne *plusieurs* personnes ou *plusieurs* choses. Exemple : *les pères*, *les mères*.

(*) Tout mot avant lequel on peut mettre *le, la, les, un,* ou *une* est un nom commun. (Quelques exceptions.)

CHAPITRE PREMIER.

1re espèce de mots. — Les NOMS ou SUBSTANTIFS.

N° 14.—(L'élève dira pourquoi les mots en italique sont des noms.)

Le *livre* de mon *frère* est très-joli. La *robe* de ma *sœur* est fort belle. Les *cahiers* de mes *camarades* sont bien tenus. On donnera des *prix* aux *enfants* studieux. Nous devons obéir à nos *parents* et à nos *maîtres*. Le *Seigneur* nous ordonne d'aimer nos *ennemis*.

N° 15.—Noms *communs* : *village*, *place*, *rue*, *discours*, etc.
Noms *propres* : Eugène, Eugénie, Italie, Rome, Naples, etc.

N° 16 et 17.—(*L'élève soulignera d'abord les noms ; il mettra ensuite un c sur les noms communs et un p sur les noms propres.*)

L'*année* se compose de douze *mois* ou de 365 *jours*. *Londres* est la *capitale* de l'*Angleterre*. Voici des *champs* couverts de *fleurs*. *David* gardait les *troupeaux* de son *père*. *Rome* est en *Italie*, *Moscou* en *Russie* et *Madrid* en *Espagne*. L'*ouragan* renverse les *maisons*. *Sully* était l'*ami* de *Henri IV*.

Nos 18 et 19.—Racine, Fénélon, Turenne et Colbert furent estimés de Louis XIV. Les principales villes de France sont Paris, Lyon, Rouen, Bordeaux et Marseille. Les Alpes, les Pyrénées et les Vosges sont de hautes montagnes. Le Rhin, la Seine, la Loire et le Rhône sont de grands fleuves.

N° 20 —Noms *masculins* : livre, papier, crayon, Louis, etc.
Noms *féminins* : plume, table, règle, encre, Louise, etc.

N° 21 et 22.—(*L'élève, après avoir souligné les noms, mettra une m sur les noms masculins et une f sur les noms féminins.*)

Le *plomb* est moins lourd que l'*or*. Les *maçons* bâtissent des *maisons*. Les *chats* prennent les *souris* et les petits *oiseaux*. Le *vent* déracine les *arbres*. Les *laboureurs* cultivent les *champs*. Ménagez le *temps* ; c'est l'*étoffe* dont la *vie* est faite. La *Russie* est le plus grand *pays* de l'*Europe*.

Les renards vont dans les basses-cours, mangent les œufs et emportent les poules et les pigeons. La parole douce amortit la colère comme l'eau éteint le feu. La crainte du Seigneur est le commencement de la sagesse. La mort entre dans l'humble cabane du pauvre et dans la riche demeure des rois. Une jeune fille, nommée Jeanne, chassa les Anglais de la France.

N° 23.—Noms *singuliers*: le *champ*, la *route*, un *ami*, une *heure*.
Noms *pluriels* : les *champs*, les *routes*, des *amis*, des *heures*.

N° 24 et 25.—(*Après avoir souligné les noms, l'élève mettra une s sur les noms singuliers et pl sur les noms pluriels.*)

Le *franc* pèse cinq *grammes*. L'*hectolitre* vaut cent *litres*. La *paresse* produit la *misère*. Les *enfants* aiment les *papillons*. La *pauvreté* n'est pas une petite *maladie*. Le *bonheur* des *méchants* passe promptement. Le *St-Esprit* descendit sur les *Apôtres*.

Le jour est de 24 heures. Les fleuves sont de grands courants d'eau qui s'en vont à la mer. Un mauvais accommodement vaut mieux qu'un bon procès. Les disciples du Sauveur prêchèrent l'Evangile. Dieu récompense les bons et punit les méchants.

Moyen de mettre les noms au *pluriel*.

***26. — Règle générale.**—Pour mettre un nom au pluriel, on ajoute une s à la fin ; exemples : le *livre*, les *livres* ; la *table*, les *tables* ; une *plume*, des *plumes*.

27. — 1re EXCEPTION.—Les noms terminés au singulier par *s*, *x* ou *z* ne changent pas au pluriel. Exemples : le *fils*, les *fils* ; la *voix*, les *voix* ; le *nez*, les *nez*.

28.—2e EXCEPTION.—Les noms terminés au singulier par *au* ou par *eu* prennent x au pluriel. Exemples : un *couteau*, des *couteaux* ; un *cheveu*, des *cheveux*.

29.—3e EXCEPTION.—Les sept mots *bijou, caillou, chou, genou, hibou, joujou* et *pou* prennent x au pluriel : des *bijoux*, des *cailloux*, des *choux*, des *genoux*, des *hiboux*, des *joujoux*, des *poux*.
Les autres noms en *ou* prennent une s au pluriel : un *sou*, des *sous* ; un *clou*, des *clous* ; etc.

30. — 4e EXCEPTION.—Les noms en *al* font leur pluriel en AUX: le *cheval*, les *chevaux* ; le *journal*, les *journaux* ; etc.
Cependant *bal, carnaval, chacal, nopal, régal* prennent une s: des *bals*, des *chacals*, des *régals*, etc.

31.—REMARQUE.—Les pluriels en AUX venant d'un mot en al ne prennent pas d'E avant *aux*. Il faut donc écrire sans *e*, les *caporaux*, les *généraux*, les *amiraux*, parce que le singulier est *caporal, général, amiral.*

32.—5e EXCEPTION.—Les sept mots *bail, corail, émail, soupirail, travail, vantail* et *vitrail* font au pluriel *baux, coraux*, etc.
Les autres noms en *ail* prennent une s au pluriel Ex. : un *éventail*, des *éventails* ; un *portail*, des *portails*.

33.—On dit : le *bétail*, les *bestiaux* ; de l'*ail*, des *ails* ou des *aulx*.

34.—*Aïeul, ciel* et *œil* font au pluriel *aïeux, cieux* et *yeux.*
Cependant on dit des *ciels* de lit, des *ciels* de tableaux ; des *œils-de-bœuf* (petites fenêtres rondes) ; des *œils-de-chat* (sortes de pierres précieuses), etc.

35.—Modèle d'analyse.

Dieu.	Nom propre masculin singulier.
Marie.	Nom propre féminin singulier.
Livres.	Nom commun masculin pluriel.
Plumes.	Nom commun féminin pluriel.

MOTS A ANALYSER: France, tables, cahier, Paul.—Habits, encre, Emile, Julie —Villes, Espagne, oiseaux, yeux, etc., etc.

(Mettre les noms suivants au pluriel en finissant la phrase.)

N° 26. Le *livre.*	Les — .	N° 27. Le *fils.*	Les — .
Le *cahier.*	Les — .	La *croix.*	Les — .
La *cour.*	Les — .	Le *nez.*	Les — .
La *porte.*	Les — .	Un *mois.*	Trois — .
L'*encrier.*	Les — .	Une *perdrix.*	Deux — .
L'*école.*	Les — .	Le *gaz.*	Les — .
Un *banc.*	Des — .	N° 28. Un *tableau.*	Des — .
Une *chaise.*	Des — .	Le *feu.*	Les — .
Mon *devoir.*	Mes — .	Le *tuyau.*	Les — .
Ma *cousine.*	Mes — .	Un *cheveu.*	Des — .
Votre *tante.*	Vos —	Un *château.*	Des — .

N° 29. Le *joujou* de l'*enfant.*	N° 29. Les	—	des — .
Le *caillou* du *ruisseau.*	Les	—	des — .
L'*écrou* de la *vis.*	Les	—	des — .
Le *sou* du *pauvre.*	Les	—	des — .
Le *verrou* de la *porte.*	Les	—	des — .
N° 30. Le *licou* du *cheval.*	N° 30. Les	—	des — .
Le *marteau* du *maréchal.*	Les	—	des — .
La *croix* du *général.*	Les	—	des — .
Le *cri* du *chacal.*	Les	—	des — .
N° 32. Le *bail* de la *maison.*	N° 32. Les	—	des — .
Le *soupirail* de la *cave.*	Les	—	des — .
L'*éventail* de la *dame.*	Les	—	des — .
Le *portail* de l'*église.*	Les	—	des — .
Le *camail* du *prêtre.*	Les	—	des — .

Récapitulation.

(Les noms *en italique* sont au singulier, l'élève les mettra au pluriel.)

Les *tailleur* font des *habit.* Les *peintre* font des *portrait.* Les *jardinier* taillent les *arbre.* Les *feuille* de papier se font avec des *chiffon.* Le décamètre vaut dix *mètre.* Les *fusil* des *soldat* sont toujours luisants. Les *vieillard* donnent de sages *conseil.* Suivez les bons *exemple* de vos *maître.* Qui oublie les *bienfait* se souvient des *injure.* On attire plus de *mouche* avec deux *cuillerée* de miel qu'avec cent *baril* de vinaigre. On est plus tranquille dans les *chaumière* des *pauvre* que dans les palais des *riche.*

Les *perroquet* mangent des *noix.* Le *printemps* dure trois *mois.* Les *loup* dévorent les *brebis* et les *agneau.* Les *eau* des *toit* descendent dans les *tuyau.* Les *coutelier* vendent des *couteau,* des *canif,* des *rasoir* et des *ciseau.* Nos *neveu* nous firent leurs *adieu.* Certains *oiseau* font cent *lieue* en sept ou huit *heure.* Jésus guérissait les *aveugle,* les *boiteux* et les *malade.*

Les *graine* ne germent pas dans les *caillou.* Ces *mulet* ont rompu leur *licou.* Adèle a des *bijou* précieux. Des *filou* m'ont trompé. Ces *général* ont des *cheval* magnifiques. Les *métal* sont durs. Avez-vous lu les *journal?* On a donné des *bal.* Il faudra renouveler nos *bail.* Je ne connais pas les *détail* de cette affaire. Les *prêtre* portent des *camail.* Tous mes *aïeul* ont vécu longtemps. Les *ciel* seront la récompense de vos *vertu.* Jules a mal aux *œil.* Les *œil-de-bœuf* sont de petites *fenêtre* rondes.

CHAPITRE II.

2e Espèce de mots. — LES ARTICLES.

*36. — *L'article* est un petit mot qui se met avant les noms, et qui en fait connaître le genre et le nombre.

*37. — Voici tous les articles : *le, la, les,* qu'on appelle articles *simples ; l',* qu'on appelle article *élidé,* et *du, des, au, aux,* qu'on appelle articles *composés.*

38. — *Le* se met avant un nom masculin singulier : *le vin ; la* se met devant un nom féminin singulier : *la fille ; les* se met avant les noms pluriels, soit masculins, soit féminins : *les frères, les sœurs.*

39. — Cependant on retranche l'e de *le* et l'a de *la,* quand le mot suivant commence par une voyelle ou une *h muette,* et à la place de la lettre supprimée on met une *apostrophe.* Ainsi, au lieu de dire : *le oiseau, le habit, la oreille, la histoire,* on dit : *l'oiseau, l'habit, l'oreille, l'histoire.* — Il suit de là que :

*40. — *L'* est mis pour *le* si le mot suivant est du masculin ; *l'* est mis pour *la* si le mot suivant est féminin.

*41. — *Du* est mis pour *de le,* et *des* pour *de les.*
    Au est mis pour *à le,* et *aux* pour *à les.*

42. — Ainsi on dit : DU *pain* pour DE LE *pain ;*
    DES *fruits* pour DE LES *fruits ;*
    AU *banc* pour A LE *banc ;*
    AUX *tables* pour A LES *tables.*

(Les articles *composés* sont donc formés d'une *préposition* et d'un *article simple.*)

43. — Modèle d'analyse.

Le	article simple, mascul. singulier.
La	art. simp. fém. sing.
Les	art. simp. au pluriel.
L'	art. élidé, mis pour *le* (ou pour *la*).
Du	art. composé, mis pour *de le.*
Des	art. comp. mis pour *de les.*
Au	art. comp. mis pour *à le.*
Aux	art. comp. mis pour *à les.*

MOTS A ANALYSER : le jour, la nuit, les étoiles, l'élève, l'école, du papier, des crayons, au tableau, aux bancs, — le ciel, les mers, l'habit, l'horloge, au printemps, aux champs, etc., etc.

CHAPITRE II.

2e Espèce de mots. — Les ARTICLES.

N°s 36 et 37. — (L'élève soulignera les articles)

Dieu a créé le soleil, la lune et les étoiles. — L'air est bien plus léger que l'eau. Les plumes du paon sont couvertes des plus riches couleurs. Je suis allé au jardin ; je vais aux champs Les fleurs naissent le matin et périssent le soir. La terre ne refuse rien au travail du laboureur. — Il n'est rien de plus opposé à l'esprit que la moquerie. La raison du plus fort n'est pas toujours la meilleure. Dieu pardonne aux pécheurs repentants. La religion est la base des vertus.

N° 38. — (L'élève mettra l'article simple avant les mots suivants.)

Jour, chaleur, froid, voisin, hameau, statue, perdrix, centime (m.), sandaraque (f.), cigare (m.), chanvre (m.), crabe (m.), sentinelle (f.), stalle (f.), légume (m.), salsifis (m.), monticule (m.), parafe (m.), décrottoire (f.), rebours (m.), dinde (f.), fibre (f.), reproche (m.), paroi (f.), patère (f.), pédale (f.), renne, (animal) (m.), décombres (m. plur.), immondices (fém. plur.), ténèbres (f. pl.), vêpres (f pl.).

N°s 39 et 40. — (Dire si l' est mis pour le ou pour la.)

L'écolier, l'école, l'homme, l'amitié, l'arbre, l'image (f.), l'ouvrage (m.), l'hiver (m.), l'étoile (f.), l'appartement (m.), l'abeille (f.), l'officier (m.), l'allumette (f.), l'amadou (m.), l'action (f.), l'animal (m.), l'espérance (f.), l'âge (m.), l'air (m.), l'encre (f.), l'arrosoir (m.), l'autel (m.), l'hôtel (m.), l'auberge (f.), l'encrier (m.), l'écritoire (f.), l'huile (f.), l'orange (m.).

N°s 41 et 42. — (L'élève décomposera les mots du, des, au, aux.)

La chair du bœuf est plus nourrissante que celle du veau (*du* pour *de le*). Les fleuves descendent des montagnes Salomon donna au temple du Seigneur une grande magnificence. Dieu nous rendra ce que nous donnons aux pauvres.

(Dans l'exercice suivant, l'élève mettra au ou aux.)

On met AU si le nom suivant est au singulier ; on met AUX s'il est au pluriel.

Les hommes justes vont au.. ciel Dieu dit au.. fruits de mûrir et ils mûrissent. La gelée est nuisible au.. fleurs On donnera des récompenses au.. enfants laborieux. Dieu dira au.. damnés : Allez, maudits, au.. feu éternel. Les Égyptiens rendaient de grands honneurs au.. bœuf, au.. chien, au.. chat, et au.. autres animaux. C'est dans le jeune âge qu'il faut surtout faire attention au.. avis et se montrer docile au.. conseils. Dieu donne à tous des moyens de salut : au.. petits comme au.. grands, au.. ignorants comme au.. savants, au.. pauvres comme au.. riches, au.. barbare comme à l'homme civilisé, au.. sauvage comme à l'habitant des cités.

CHAPITRE III.

3e Espèce de mots. — Les ADJECTIFS.

44. — L'*adjectif* est un mot qui sert à *qualifier* ou à *déterminer* le nom. Ainsi quand je dis : *le* JOLI *livre de* MON *frère*, les mots *joli* et *mon* sont des adjectifs.

45. — On connaît qu'un mot est adjectif quand on peut y joindre le mot *personne* ou *chose*. Ainsi, les mots HABILE et AGRÉABLE sont des adjectifs, car on peut dire : *personne* HABILE, *chose* AGRÉABLE.

46. — Il y a deux grandes classes d'adjectifs : les adjectifs *qualificatifs* et les adjectifs *déterminatifs*.

I. — DES ADJECTIFS *qualificatifs*.

47. — Les adjectifs *qualificatifs* expriment les *qualités* bonnes ou mauvaises des noms auxquels ils sont joints. Ainsi, quand on dit : *enfant* SAGE, *homme* MÉCHANT, les mots SAGE et MÉCHANT sont des adjectifs *qualificatifs*.

Moyen de mettre les adjectifs au féminin.

Les adjectifs s'écrivent différemment suivant qu'ils sont au *masculin* ou au *féminin*, au *singulier* ou au *pluriel*.

48. — **Règle générale.** — Pour mettre un adjectif au féminin, on ajoute un E à la fin. Ainsi, *vrai, petit* et *méchant* font au féminin *vrai*E, *petit*E, *méchant*E.

49. — 1re EXCEPTION. — Les adjectifs terminés au masculin par un E ne changent pas au féminin. Exemples : *un livre* UTILE, *une chose* UTILE ; *un homme* AIMABLE, *une femme* AIMABLE.

50. — 2e EXCEPTION. — Les adjectifs terminés par un X, changent l'x en SE. Exemple : *heureux, heureu*SE.

Cependant *doux, faux, préfix* et *roux* font au féminin *douce, fausse, préfixe* et *rousse*.

51. — 3e EXCEPTION. — Les adjectifs en *f* changent *f* en *ve*. Exemple : *un habit* NEUF, *une robe* NEUVE.

52. — 4e EXCEPTION. — Les adjectifs en EL, EIL, EN, ET, ON, doublent au féminin la dernière consonne, et prennent un *e*. Ex.: *mortEL, mortELLE ; parEIL, parEILLE ; anciEN, anciENNE ; muET, muETTE ; bON, bONNE.*

Cependant les six adjectifs *complet, concret, discret, inquiet, replet, secret*, font au féminin *complète, concrète, discrète*, etc.

CHAPITRE III.

3ᵉ Espèce de mots. — LES ADJECTIFS.

Nᵒˢ 44 et 45.—*(L'élève dira pourquoi les mots en italique sont des adjectifs.)*

Le Seigneur est *juste* et *bon*, *sage* et *miséricordieux*. Les hommes sont plutôt *faibles* que *méchants*. Un *grand* hiver annonce un *bel* été. J'ai perdu *mes* gants. *Cette* femme est très-*instruite*. *Dix* mètres font *un* décamètre. Charles est le *cinquième* de sa division. *Chaque* profession a *ses* inconvénients.

1. — Des adjectifs qualificatifs.

Nᵒ 47.—*(L'élève soulignera les adjectifs qualificatifs.)*

Les enfants *polis, dociles, honnêtes* et *laborieux* sont chéris de tout le monde. Les écoliers *bavards* et *paresseux* ne sont pas aimés de leurs maîtres. Nos soldats sont *hardis, braves* et *courageux*. Le chien est *utile, élégant* et *aimable*. Les *jeunes* chats sont *gais, vifs, légers, adroits* et *propres*, mais un peu *traîtres*.

Les Danois sont bons, affables, laborieux et intrépides. Les Lapons sont petits, laids, difformes et presque sauvages. Les chèvres sont plus nerveuses, plus légères, plus agiles et moins timides que les brebis. Les meubles précieux et les habits magnifiques ne donnent pas le bonheur. Cette table est ronde. Ces maisons sont carrées. L'or est jaune, l'argent est blanc.

Nᵒ 48.—*(L'élève mettra les adjectifs suivants au féminin)*

Aîné, âgé, carré, usé, aisé, gai, étourdi, hardi, joli, bleu, cru, touffu, chaud, froid, gourmand, grand, profond, rond, babillard, lourd, sourd, certain, voisin, brun, clair, noir, haut, étroit, méchant, prudent, content, imprudent, fainéant, négligent, patient, obligeant, élégant, excellent, violent, insolent, souffrant, intelligent.

Nᵒ 49.—L'homme *charitable*, la femme—; le lieu *humide*, la salle —; un ouvrage *facile*, une leçon—; le champ *fertile*, la terre—; le chien *fidèle*, la personne—; un regard *sévère*, la punition—.

Nᵒ 50.—Le vent *furieux*, la tempête—; un objet *précieux*, une pierre—; un garçon *paresseux*, une fille—; un passage *dangereux*, une route—; un jardin *délicieux*, une poire—; du vin *mousseux*, de la bière—; du cidre *doux*, une pomme—; un bruit *faux*, une nouvelle—; un cheveu *roux*, de la barbe—.

Nᵒ 51.—L'air *vif*, la foi—; un ton *bref*, une parole—; un homme *veuf*, une femme—; un conte *instructif*, une fable—; un chant *plaintif*, une voix—; un enfant *naïf*, une personne—.

Nᵒ 52.—Un péché *véniel*, une faute—; un être *éternel*, une vérité—; un ouvrage *immortel*, une âme—; le tigre *cruel*, la bête —; le jour *solennel*, la fête—; un froid *continuel*, une pluie—; le teint *vermeil*, la joue—; le discours *chrétien*, la morale—; un profit *net*, une somme—; l'ouvrage *complet*, la leçon—; un air *inquiet*, une figure—; un avis *secret*, une lettre—.

53.—*Bas, épais, gras, gros, las, nul, gentil, sol, paysan*, doublent aussi la dernière consonne: *basse, épaisse, grasse*, etc.

54.—3e EXCEPTION.—Les adjectifs en *eur** ont ordinairement leur féminin en *euse* : *trompeur, trompeuse* ; *parleur, parleuse* ; *voleur, voleuse*, etc.

Mais *pécheur, vengeur*, etc., font au féminin *pécheresse, vengeresse*, etc.

55.—Les adjectifs en *teur* font leur féminin en *trice*: *débiteur, débitrice*; *protecteur, protectrice*; *lecteur, lectrice*; etc.

Cependant *menteur* fait *menteuse*; *chanteur* fait *chanteuse* ou *cantatrice* (célèbre chanteuse).

56.—6º EXCEPTION—*Beau, nouveau, fou, mou* et *vieux* font au féminin *belle, nouvelle, folle, molle, vieille*. — Ces cinq derniers féminins viennent des masculins *bel, nouvel, fol, mol, vieil*, qu'on emploie avant une voyelle ou une h muette. Ex.: BEL *oiseau*, *nouvel* an, *fol* amour, *mol* édredon, *vieil* ami.

57.—*Blanc, franc, sec, frais* font au féminin *blanche, franche, sèche, fraîche. Public, caduc, turc, grec* font *publique, caduque, turque, grecque* (ce dernier avec un *c*).

Long, bénin et *malin* font *longue, bénigne, maligne*.

58.—REMARQUE.—Pour savoir comment finit un adjectif au masculin singulier, on met cet adjectif au féminin et on retranche l'*e* final. Ainsi *rond* finit par *d* à cause du féminin *ronde*; *petit* finit par *t* à cause du féminin *petite*.

(Les adjectifs *irréguliers* font exception.)

Moyen de mettre les adjectifs au *pluriel*.

***59.**—RÈGLE.—Le *pluriel* des adjectifs se forme comme celui des noms, en ajoutant s à la fin. Ainsi *petit* et *petite* font au pluriel *petits* et *petites*.

60.—1re EXCEPTION.—Les adjectifs terminés au singulier par s ou x ne changent pas au pluriel. Exemples: un *habit* GRIS, des *habits* GRIS; un *homme* HEUREUX, des *hommes* HEUREUX.

61.—2e EXCEPTION.—*Beau, jumeau* et *nouveau* font au pluriel masculin *beaux, jumeaux, nouveaux*.

62.—3e EXCEPTION.—La plupart des adjectifs en *al* font leur pluriel en *aux*: *égal, égaux*; *principal, principaux*.

Mais *fatal, filial, final, frugal, glacial, naval, pascal*, etc., prennent une s au pluriel: *fatals, filials*, etc.

---

* Ce sont souvent de véritables noms.

N° 53.—*(L'élève mettra les adjectifs suivants au féminin.)*

Ce fauteuil est *bas*, cette chaise est—; le feuillage *épais*, la forêt—; le veau *gras*, la vache—; il est *las*, elle est—; un mot *nul*, une lettre—; Louis est *gentil*, Marie est—; Jules est *sot*, Esther est—; voici un *paysan*, voilà une—.

N° 54—Le chat *voleur*, la pie—; un élève *parleur*, une femme —; un visage *trompeur*, une figure—; Paul n'est pas *danseur*, Pauline n'est pas—; un air *moqueur*, une parole—; un bon *devineur*, une habile—; Augustin fut *pêcheur*, Madelaine fut—.

N° 55.—*Acteur, lecteur, inspecteur, instituteur, cultivateur, protecteur, débiteur, donateur, consolateur,—testateur* —; enfant *menteur*, personne—; une *cantatrice* est une célèbre *chanteuse.*

N° 56.—Le *beau* tableau, la—table : un moyen *nouveau*, une mode—; un homme *fou*, une tête—; l'enfant *mou*, la plume —; le *vieux* cahier, la—masure; le *bel* habit, la—casquette; le *nouvel* an, la—année; un *fol* amour, une —idée; un *mol* oreiller, une couverture—; le *vieil* officier, la—garde.

N° 57.—Le mouchoir *blanc*, la toile—; Emile est *franc*, Louise est—; du bois *sec*, une feuille—; le pain *frais*, de l'eau—; l'ordre *public*, la place—; un âge *caduc*, une santé—; un vaisseau *turc*, la nation—; un dictionnaire *grec*, la langue—; cet habit est *long*, la journée est—; un air *bénin*, une figure—; un regard *malin*, une parole—.

N° 58.—*(L'élève mettra les adjectifs suivants au masculin.)*

Sensée, brune, lourde, bossue, têtue, laide, certaine, voisine, délicate, adroite, pesante, courte, sainte, patiente, puissante, intéressante, pressante, différente, fréquente, ignorante, plaisante, complaisante, présente, absente, contente, savante, verte, correcte fainéante, gourmande—*ennuyeuse, neuve, sèche, fraiche.*

Formation du pluriel.

N° 59.—*(L'élève mettra les adjectifs svivants au pluriel.)*

Docile, facile, difficile, bleu, bleue ; joli, jolie ; froid, froide ; saint, sainte ; ingrat, ingrate ; méchant, méchante ; savant, savante; élégant, élégante ; neuf, neuve ; mortel, mortelle ; pareil, pareille ; vermeil, vermeille ; nul, nulle ; meilleur, meilleure ; blanc, blanche ; sec, sèche ; long, longue.

N° 60.—Le mur *épais*, les murs—; le vent *frais*, les vents—; un mets *exquis*, des mets—; un bruit *confus*, des bruits—; un enfant *pieux*, des enfants—; le métal *précieux*, les métaux—; un fruit *délicieux*, des fruits—; le vin *doux*, les vins—.

N° 61.—Le *beau* papier, les—canifs; l'enfant *jumeau*, les enfants—; le travail *nouveau*, les travaux—.

N° 62.—Le conseil *municipal*, les conseils—; un conte moral, des contes—; un homme *original*, des hommes—; un nombre *décimal*, des nombres—; le repas *principal*, les repas—.

Un combat *naval*, des combats—; le cierge *pascal*, les cierges —; un instant *fatal*, des instants—; le couplet *final*, les couplets—; e vent *glacial*, les vents—; un repas *frugal*, des repas—.

Règles d'accord des adjectifs.

***63.** — 1re RÈGLE. — L'adjectif se met au même genre et au même nombre que le mot qu'il *qualifie* ou qu'il *détermine*.

Exemples : *le* BON *père, la* BONNE *mère.*

Bon est au masculin singulier, parce que *père* est du masculin singulier ; *bonne* est au féminin singulier parce que *mère* est du féminin singulier.

Les BONS PÈRES, *les* BONNES MÈRES.

Bons est au masculin pluriel, parce que *pères* est au masculin pluriel ; *bonnes* est au féminin pluriel, parce que *mères* est du féminin pluriel.

64. — 2e RÈGLE. — Quand un adjectif se rapporte à plusieurs noms singuliers, on met cet adjectif au pluriel. Exemples : *Le* PÈRE *et le* FILS *sont* INSTRUITS.

La MÈRE *et la* FILLE *sont* INSTRUITES.

65. — 3e RÈGLE. — Et si les noms ou les pronoms ne sont pas du même genre, l'adjectif se met *au masculin pluriel.* Ex.: *le* FRÈRE *et la* SŒUR *sont* POLIS.

II. — DES ADJECTIFS *déterminatifs.*

***66.** — Les adjectifs *déterminatifs* sont ceux qui déterminent les noms.*

***67.** — Il y a quatre sortes d'adjectifs déterminatifs : les adjectifs *possessifs,* les adjectifs *démonstratifs,* les adjectifs *numéraux* et les adjectifs *indéfinis.*

1° Adjectifs *possessifs.*

68. — Les adjectifs *possessifs* font connaître à qui appartient l'objet dont on parle.

***69.** — Les adjectifs *possessifs* sont :
Masc. sing. : *mon, ton, son, notre, votre, leur.*
Fém. sing. : *ma, ta, sa, notre, votre, leur.*
Plur. des 2 genres : *mes, tes, ses, nos, vos, leurs.*

70. — REMARQUE. — Au lieu de *ma, ta, sa,* on emploie *mon, ton, son,* avant un nom du féminin qui commence par une *voyelle* ou une *h muette.* Ex. : *mon* âme, *ton* histoire.

---

* C'est-à-dire qui font connaître de quels objets on parle ou le nombre de ces objets. — Ces adjectifs se placent toujours avant les noms.

Règles d'accord des adjectifs.

N° 63 —(*L'élève fera accorder les adjectifs.*)

Le village *voisin*, la ville—, les pays—, les communes—. Un fleuve *profond*, une rivière—, des puits—, des fosses—. Un carosse *élégant*, une voiture—, des messieurs—, des dames—. Un discours *imprudent*, une conduite—, des parents—, des personnes—. Ce vin est *amer*, cette bière est—, ces fruits sont—, ces pommes sont—. Cet abricot est *mûr*, cette pêche est—, ces fruits sont—, ces poires sont—. Beaucoup de *petit* enfants ont les cheveux *blond* et souvent presque *blanc*. Les écoliers *inappliqué* et *babillard* restent toujours *ignorant*.

Dans les pays *chaud*, les animaux *terrestre* sont plus *grand* et plus *fort* que dans les pays *froid* et *tempéré*. Ce vieillard a le front *chauve* et un peu *ridé*; sa taille est *élevé*, ses yeux sont *vif* et *perçant*, sa voix *doux*, ses paroles *simple* et *aimable* Les Français sont *gai*, *actif*, *vaillant*, *brave* et *hospitalier*, mais *léger* et *inconstant*. Les terres *sec* et *sablonneux* sont celles qui donnent les *meilleur* fruits. Des manières *poli* et *prévenant* rendent les *bon* raisons *meilleur* et font passer les *mauvais*.

N° 64. — Paul et Louis sont *vigilant*; Marie et Louise sont *vigilant*. Ce livre et ce canif sont très-*joli*; cette feuille et cette fleur sont très-*joli*. L'or et le platine sont *lourd*. La paresse et la faim sont *voisin*. Ce sabre et ce fusil sont tout *neuf*. Cette maison et cette tour sont très-*haut*. L'acier et le bronze sont *dur*. La gloire et la prospérité des méchants sont *court*. L'officier et le soldat sont *subordonné* au colonel.

65. — Ces messieurs et ces dames sont *complaisant*. Cette table et ce tableau sont *noir*. La biche et le cerf sont *difficile* à prendre. Les ours ont les jambes et les pieds *velu*. Le feu et l'eau sont *ennemi*. Le vice et la vertu sont *opposé*. Mon père et ma mère sont *content*. Ce papier et cette encre sont très-*mauvais*. Le vin et l'eau sont *utile* à l'homme.

II.—Des adjectifs déterminatifs.

N° 66.—(*L'élève dira pourquoi les mots en italique sont des adj. déterminatifs.*)

Je fais *mon* devoir. Garde *ton* secret. *Notre* Sauveur est mort pour nous. Écrivez *cette* lettre. Voyez *ces* navires. Voici *trois* malfaiteurs. Voilà *deux* gendarmes. Le dimanche est le *premier* jour de la semaine; le samedi est le *septième*. *Nul* homme n'est parfaitement heureux. *Plusieurs* avis n'en valent pas *un* bon.

N°⁸ 68 et 69.—(*Souligner les adjectifs possessifs.*)

Honorez vos amis. J'ai vu mon père. Il vend ses maisons. Vous brosserez mes habits. Les marchands cassèrent leurs verres et leurs carafes. Chaque condition a ses ennuis. Soumettons à la raison toutes nos pensées et tous les mouvements de notre cœur. Ce n'est pas d'après leur langage qu'il faut juger les hommes, c'est d'après leurs actes.

N° 70.—(*L'élève dira pourquoi on emploie mon, ton, son.*)

Mon amie, mon humeur, ton ardoise, ton habitude, son épouse, son horloge, mon image, ton excuse, son habitation.

2° **Adjectifs** *démonstratifs.*

71. — Les adjectifs *démonstratifs* servent à *montrer* les objets dont on parle.

72. — Les adjectifs *démonstratifs* sont : *ce, cet, cette, ces.*

*__73.__ — On met *cet* quand le mot qui suit est du masculin : CET *encrier*; on met *cette* si le mot suivant est du féminin : CETTE *table.*

74. — REMARQUE. — *Ces*, adjectif *démonstratif*, commence par *c*, tandis que *ses*, adjectif possessif, commence par *s* et signifie *les siens, les siennes.* Ex : *vous connaissez mon frère ?* CES *champs, que vous voyez,* sont SES *propriétés*, c'est-à-dire, *les siennes.*

3° **Adjectifs** *numéraux.*

75. — Les adjectifs *numéraux* sont ceux dont on se sert pour compter.

*__76.__ — Il y a deux sortes d'adjectifs numéraux : les *cardinaux* et les *ordinaux.*

*__77.__ — Les adjectifs numéraux *cardinaux* sont : *un, deux, trois, quatre, dix, vingt, cent, mille,* etc.

*__78.__ — Les adjectifs numéraux *ordinaux* sont : *premier, second, troisième, quatrième, dixième, vingtième,* etc. Ils se forment des cardinaux en ajoutant *ième.*

4° **Adjectifs** *indéfinis.*

79. — Les adjectifs *indéfinis* indiquent d'une manière vague de combien d'objets on parle.

*__80.__ — Les adjectifs indéfinis sont : *chaque, nul, aucun, même, tout, quelque, plusieurs, tel, quel, quelconque,* etc.

81. — **Modèle d'analyse.**

Beau	adjectif qualificatif au mascul. sing., qualifie *jardin.*
jardin.	nom commun, masc. sing.
Sa	adjectif possessif, fém. sing., qui détermine *casquette.*
casquette.	nom com. fém. sing.
Ces	adj. démonstratif, au masc. plur., détermine *livres.*
livres.	nom com. masc. plur.
Vingt	adj. numéral cardinal, au masc. plur., détermine *francs.*
francs.	nom com. masc. plur.
Centième	adj. numéral ordinal, fém. sing., détermine *page.*
page.	nom com. fém. sing.
Plusieurs	adj. indéfini, au fém. plur., détermine *personnes.*
personnes.	nom com. fém. plur.

MOTS A ANALYSER : le petit enfant, la bonne mère, les jolies maisons, ton pays, cette ville, trente mouchoirs, deuxième ligne, chaque table, leurs robes blanches, vingt-huit jours, cinquante ans, etc., etc.

N°s 71 et 72.—*(L'élève soulignera les adjectifs démonstratifs.)*
Ce vieillard, cet empire , cette étoile, ces lettres.

N° 73.—*(L'élève mettra cet ou cette avant les mots suivants.)*
Cet.. anneau, cet.. habit , cet.. place , cet.. artiste, cet.. voiture, cet.. statue, cet.. incendie , cet.. action cet.. endroit, cet.. écritoire. Cet.. écolier a bien travaillé cet.. semaine. Cet.. habit est aussi cher que cet.. montre.

N° 74.—*(L'élève mettra ces ou ses à la place du tiret.)*
L'homme vertueux s'applique à régler — désirs , — goûts , — travaux, — plaisirs , en un mot toute sa conduite sur la loi de Dieu. On va rebâtir — maisons et — murs que vous voyez renversés depuis si longtemps.

N°s 75 à 78.—*(L'élève soulignera les adjectifs numéraux; il mettra ensuite un c sur les cardinaux et un o sur les ordinaux.)*
Nous avons deux mains et dix doigts. De Paris à Marseille, il y a quatre-vingt-trois myriamètres , trois kilomètres. Cent grammes font la cinquième partie de la livre , et la dixième partie du kilogramme. Nous sommes dans le dix-neuvième siècle.—Voici deux choses qu'on n'ose regarder en face : le soleil et la mort. La France renferme plus de quatre-vingts grandes villes. Le premier degré du pardon est de ne plus parler de l'injure qu'on a reçue. Vingt louis font quatre cents francs.

N°s 63, 79 et 80.—*(L'élève complétera la phrase.)*
Nul homme, — femme, — parents, — gens.
Certain conte, — fable, — livres, — histoires.
Tel père, — mère, — jardin, — plantes.
Quel chagrin, — cruauté, — fléaux, — peines.
Aucun élève, — personne, — gages, — troupes.
Tout devoir, — leçon, — cahiers, — pages.
Quelque profit, — mots. *Plusieurs* ouvriers, — personnes.

Récapitulation.
(Les adjectifs en italique sont au sing.; l'élève les fera accorder.)
Les fauvettes sont *vif, agile, léger.* Les lièvres sont *craintif* et *timide.* Les serviteurs *fidèle* sont *rare.* Les fruits *rouge* sont *bon* pour la santé. En été, les caves sont *frais*; en hiver , elles sont *chaud.* Le bon Dieu connaît nos plus *secret* pensées. Les étoiles paraissent *petit* parce qu'elles sont très-*éloigné.* Les chiffres *arabe* sont plus *commode* que les chiffres *romain.* Monsieur, faites vous-*même* ce que vous dites. Messieurs, faites-le vous-*même.*

Les Anglais sont *grave. méditatif, habile* et *industrieux,* mais un peu *fier* envers les étrangers. Ce ne sont pas les *grand* places qui font les *grand* hommes, c'est le *grand* mérite. Les enfants *négligent* deviennent presque toujours des hommes *insouciant* et *indifférent.* De même que les lits *doré* ne rendent pas les malades moins *souffrant*, les *grand* fortunes ne rendent pas les sots plus *estimable.* Dans les *bas* vallées et dans les *épais* forêts de l'Amérique, on trouve des oiseaux *remarquable* par leurs plumes *éclatant* et par leur couleur *brillant.*

La piété et la vertu font *seul* le bonheur de l'homme. Paul et Virginie sont *complaisant.* Voici une rose et un œillet *charmant.* Ces dames ont fait preuve d'une vertu , d'un sang-froid et d'un courage *extraordinaire. Cet* femme et *cet* enfant sont *intrépide.*

CHAPITRE IV.

4e Espèce de mots. — Les PRONOMS.

*82. — Le pronom est un mot qui remplace le nom. Quand on dit : *Paul lit bien ;* IL *écrit bien aussi*, le mot IL est un pronom puisqu'il remplace *Paul*.

*83.—Il y a cinq sortes de pronoms : les pronoms *personnels*, les pronoms *possessifs*, les pronoms *démonstratifs*, les pronoms *conjonctifs* et les pronoms *indéfinis*.

1° Pronoms *personnels*.

84. — Les pronoms personnels s'emploient pour désigner les personnes.

*85.—Il y a trois personnes : *la première*, ou celle qui parle ; *la seconde*, ou celle à qui l'on parle, et *la troisième*, ou celle de qui l'on parle.

*86.—Les pronoms *personnels* sont :
1re personne : *je, me, moi, nous ;*
2e personne : *tu, te, toi, vous ;*
3e personne : *il, elle, ils, elles, lui, eux,*
        le, la, les, leur, se, soi, en, y.

87.—Il ne faut pas confondre *le, la, les*, articles, avec *le, la, les*, pronoms personnels.—*Le, la, les*, articles, sont toujours suivis d'un *nom :* LE *livre*, LA *plume*, LES *cahiers*.—*Le, la, les*. pronoms personnels, accompagnent toujours un verbe. Ex. : *je* LE *vois, je* LA *respecte, je* LES *connais*.

2° Pronoms *possessifs*.

88.—Les pronoms *possessifs* indiquent à qui appartient l'objet qu'ils représentent.

*89.—Les pronoms *possessifs* sont :

Masc. sing.	Fém. sing.	Masc. plur.	Fém. plur.
Le mien,	la mienne,	les miens,	les miennes,
Le tien,	la tienne,	les tiens,	les tiennes,
Le sien,	la sienne,	les siens,	les siennes,
Le nôtre,	la nôtre,	les nôtres,	les nôtres,
Le vôtre,	la vôtre,	les vôtres,	les vôtres,
Le leur,	la leur,	les leurs,	les leurs.

90.—REMARQUE. — On ne met point d'accent sur les adjectifs possessifs *notre* et *votre*, mais on en met un sur les pronoms possessifs *le nôtre, le vôtre, la nôtre, les vôtres*, etc.

CHAPITRE IV.

4ᵉ Espèce de mots. — Les PRONOMS.

Nº 82.—(*L'élève dira pourquoi les mots en italique sont des pronoms.*)

Jules est sage, *il* aura un prix. Cette jeune personne est très-aimable; *elle* plait à tout le monde. Les castors sont des animaux remarquables; *ils* construisent des cabanes fort solides. Les eaux descendent des hautes montagnes; *elles* s'assemblent en gros ruisseaux dans les vallées, puis *elles* vont se précipiter dans la mer.

Nᵒˢ 84, 85 et 86. — (*L'élève soulignera les pronoms personnels.*)

Je crois, moi, que nous avons raison. Tu pense, toi, qu'elle a tort. Ils disent, eux, que vous réussirez.

Je lis, tu écris, il dort, elle travaille, nous apprenons, vous récitez, ils parlent, elles arrivent. Tu te trompes, si tu crois que les méchants sont heureux. Nous admirons les hommes vertueux, mais nous ne les imitons pas toujours. Je voudrais savoir ma leçon; cela me vaudrait une récompense. Quand nous rencontrons des vieillards, nous les saluons. Cet enfant respecte ses parents et leur obéit. Ils se plaignent de vous: demandez-leur s'ils ont un motif de le faire. Ce chien est méchant, n'en approchez pas. Souvenez-vous toujours de vos bienfaiteurs et des services que vous en avez reçus.

Nº 87.—(*L'élève mettra un* A *sur les articles* le, la, les, *et un* P *sur les pronoms.*)

Le paresseux ne ressemble pas à *la* fourmi qui amasse de *la* nourriture pour *les* mauvais jours. Nous *le* vîmes se promener. Vous *la* trouvâtes très-occupée. Je *les* ai priés de venir me voir. Si l'on veut connaître *les* hommes, il faut *les* fréquenter et *les* étudier. Loin d'aimer *les* menteurs, je *les* déteste et je *les* méprise. Pour tremper *l'*acier, on *le* fait rougir au feu, puis on *le* plonge dans de *l'*eau froide.

Nᵒˢ 88 et 89.—(*L'élève soulignera les pronoms possessifs.*)

Votre livre n'est pas aussi joli que le mien. Sa plume est aussi bonne que la vôtre. La marine anglaise est plus forte que la nôtre. Supportez les défauts d'autrui si vous voulez qu'on supporte les vôtres. Vous vous trompez; ce crayon n'est pas à moi, c'est le vôtre. Le mien est noir, le tien est rouge, les leurs sont blancs. Nous voyons la paille qui est dans l'œil de notre frère, et nous n'apercevons pas la poutre qui est dans le nôtre.

Nº 90.—(*L'élève mettra* NOTRE, VOTRE, *ou* LE NÔTRE, LE VÔTRE, *etc.*)

N... tâche est finie, la v... commence. V... maison est moins belle que la n... Si n... voisin ferme sa porte aux pauvres, ouvrons-leur la n... Le paresseux ne compte pas sur son travail, mais sur le v... Nos amis arrivent aujourd'hui: les v... ne viendront que demain. Vos plumes sont meilleures que les n...

3° **Pronoms** *démonstratifs.*

91.—Les pronoms démonstratifs servent à montrer les objets qu'ils représentent.

*92.—Les pronoms *démonstratifs* sont :
Ce, celui, celui-ci, celui-là, pour le masculin singulier;
Ceux, ceux-ci, ceux-là, pour le masculin pluriel;
Celle, celle-ci, celle-là, pour le féminin singulier ;
Celles, celles-ci, celles-là, pour le féminin pluriel ;
Ceci, cela, pour les deux genres.

93.—Remarque.—Il ne faut pas confondre *se,* pronom personnel, avec *ce,* pronom ou adjectif démonstratif. *Se,* pronom personnel, signifie *soi, lui, eux, elles,* etc. Ex : *on* se *promène pour* se *désennuyer.*— *Ce,* pronom démonstratif, veut dire *ceci, cela, la chose,* et est toujours joint au verbe *être* ou suivi d'un des pronoms *qui, que, quoi dont.* Ex. : ce *qui est certain, c'est que Dieu voit tout.* —*Ce,* adjectif démonstratif, est toujours suivi d'un nom. Ex : *ce livre, ce hameau.*

4° **Pronoms** *conjonctifs* **ou** *relatifs.*

94.—Les pronoms *conjonctifs* joignent la phrase qui suit au mot précédent.

*95.—Les pronoms *conjonctifs* sont :

	Qui, que, quoi, dont ;		
Lequel,	*laquelle,*	*lesquels,*	*lesquelles ;*
Duquel,	*de laquelle,*	*desquels,*	*desquelles ;*
Auquel,	*à laquelle,*	*auxquels,*	*auxquelles.*

5° **Pronoms** *indéfinis.*

96.—Les pronoms *indéfinis* représentent des personnes ou des choses qu'on ne veut ou qu'on ne peut nommer.

*97.—Les pronoms *indéfinis* sont : *on, quiconque, chacun, autrui,—l'un, l'autre, l'un et l'autre, quelqu'un, personne,* etc.

98.—Observation.—Les mots *aucun, nul, tel, tout, plusieurs,* peuvent être *adjectifs indéfinis* ou *pronoms indéfinis.* — Ils sont *adjectifs* quand ils sont suivis d'un nom , et ils sont *pronoms* s'ils n'en sont pas suivis.
Ex : Nul *homme n'est tout-à-fait heureux.*
Nul *n'est content de son sort.*

Dans la première phrase, *nul* est adjectif; dans la seconde, il est pronom.

99.—Ainsi , il ne faut pas oublier qu'un mot n'est *pronom* que *s'il tient la place d'un nom,* tandis que tout mot *qui accompagne un nom* et le qualifie ou le détermine est *adjectif.*

Nᵒˢ 91 et 92. — (*L'élève soulignera les pronoms démonstratifs.*)

Celui qui parle toujours de lui est haïssable. La ville de Paris est grande, mais celle de Londres l'est encore davantage. Vos pages sont bien faites, mais celles de vos camarades sont encore mieux. Cette plume est dure, cette autre est flexible : celle-ci me plaît mieux que celle-là. Les qualités de l'esprit sont peut-être supérieures à celles du cœur, mais celles-ci sont plus aimables que celles-là. Les leçons de grammaire sont moins faciles que celles de géographie, mais celles-ci sont moins utiles que celles-là.

Nᵒ 93. — (*L'élève mettra* SE *ou* CE *à la place du tiret.*)

Il faut savoir — taire à propos. On ne trouve pas toujours — qu'on désire. — jeune homme est très-modeste : il — croit moins habile que ses camarades. — qui est inutile est toujours trop cher. Cet enfant qui — vante toujours, est un sot qui — croit savant. — est une sottise d'avoir une trop bonne opinion de soi-même. Il ne faut pas dire tout — qu'on pense, et il ne faut pas crier tout — qu'on dit. — fleuve arrose les plus riches campagnes. Celui qui ment — attire le mépris des autres. — petit garçon qui — applique bien, — fait aimer de tous ceux qui le connaissent. — Elle — plaint continuellement. — est moi, — est toi, — est lui, — est nous, — est vous, — sont tous les hommes qui paraîtront devant Dieu.

Nᵒˢ 94 et 95. — (*L'élève soulignera les pronoms conjonctifs.*)

Voici un livre qui me plaît beaucoup. Voilà une personne que je connais bien. Ce à quoi je pense. Nous avons reçu de Dieu les biens dont nous jouissons. Avez-vous deux amis sur lesquels vous puissiez compter? Je viens de revoir les personnes avec lesquelles j'ai voyagé. J'ai vu deux lettres desquelles il résulte que l'affaire n'est pas terminée. Les jeunes gens auxquels j'ai parlé sont très-complaisants. Les personnes auxquelles on dit la vérité se fâchent quelquefois.

Nᵒˢ 96 et 97. — (*L'élève soulignera les pronoms indéfinis.*)

On hait les menteurs. Quiconque veut aller au ciel doit en prendre le chemin. Chacun est content de soi. Songeons aux maux d'autrui. Si quelqu'un veut être mon disciple, qu'il me suive. L'un et l'autre prétendent avoir raison. Aimons-nous les uns les autres. Personne ne viendra.

Nᵒˢ 98 et 99. — (*L'élève mettra un* A *sur les adjectifs et un* P *sur les pronoms.*)

Aucun élève n'a manqué à faire ses devoirs.

Aucun ne devrait se faire punir.

Nul homme ne sait l'instant où il doit mourir.

Nul n'est heureux s'il a oublié la vertu.

Telle mère qui blâme son fils ne le corrige pas.

Tel qui rit aujourd'hui pleurera demain.

Tout homme est libre de faire le bien ou le mal.

Tout nous prouve que Dieu existe.

Plusieurs messieurs sont venus en votre absence.

Plusieurs ont laissé des lettres.

Un *autre* que lui aurait approuvé votre conduite.

Un *autre* jour j'examinerai votre affaire.

Règle d'accord des Pronoms.

***100.**—Les pronoms doivent être au même *genre*, au même *nombre* et à la même *personne* que le nom dont ils tiennent la pláce. Ainsi, en parlant d'une *maison*, dites : ELLE *est belle;* ELLE, parce que ce pronom remplace *maison*, qui est du féminin singulier. En parlant de plusieurs *jardins*, dites : ILS *sont beaux;* ILS, parce que ce pronom tient la place de *jardins*, qui est du masculin pluriel.

101.—Modèle d'analyse.

Je parle.	*Je,* pronom personnel, 1ʳᵉ pers. du singulier.
Le mien est perdu.	*Le mien,* pron. possessif, 3ᵉ pers. du masc. sing.
Celui-ci chante.	*Celui-ci,* pron. démonst., 3ᵉ pers. du masc. sing.
C'est toi *qui* as lu.	*Qui,* pron. conjonctif remplaçant *toi*, de la 2ᵉ pers. du singulier.
Voici la montre *que* j'ai trouvée.	*Que,* pronom conjonctif remplaçant *montre*, de la 3ᵉ pers. du fém. sing.
On attend Jules.	*On,* pron. indéf., 3ᵉ pers. du masc. sing.

102.—REMARQUES. — Les pronoms *possessifs*, les pronoms *démonstratifs* et les pronoms *indéfinis* sont tous de la 3ᵉ personne.

Les *noms* sont aussi de la 3ᵉ personne.

Dans l'analyse, il est utile de dire le mot représenté par le pronom *conjonctif.*

L'ÉLÈVE ANALYSERA LES MOTS EN ITALIQUE. — *Tu* dors. *Elle* coud. *Je* sais mes leçons; *ils* apprennent *les leurs. Ceci* est bien, *cela* est mal. *Moi qui* suis sorti, c'est Louise *que j'ai* vue. *Quiconque* n'est aimé de *personne* est malheureux.

CHAPITRE V.

5ᵉ Espèce de mots. — Les VERBES.

***103.** — Le *verbe* est un mot qui marque que l'on *est* ou que l'on *fait* quelque chose. Ainsi, le mot *être, je suis,* est un verbe; le mot *lire, je lis,* est un verbe.

***104.**—On reconnaît qu'un mot est un verbe, quand on peut mettre avant ce mot les pronoms *je, tu, il, nous, vous, ils.* Ainsi, *parler* est un verbe, car on peut dire : *je* parle, *tu* parles, *il* parle, *nous* parlons, etc.

N° 100.—(*L'élève mettra les lettres qui manquent.*)

Il.. est instruit. Il.. sont savants. Elle.. est timide. Elle..
sont hardies. On va punir Louis, il.. est arrivé tard. Ces enfants
sont très-aimables, il.. apprennent bien leurs leçons. Cette petite
fille lit bien, elle.. écrit bien aussi. Ces jeunes demoiselles sont
très-modestes, elle.. plaisent à tout le monde. Esther et Louise
sont absentes, elle.. rentrent demain. Heureux ceux qui ont le
cœur pur, parce qu'il.. verront Dieu. Les hommes sont comme les
fleurs : il.. naissent le matin et périssent le soir. Fuyez les mauvaises sociétés : elle.. gâtent le cœur et l'esprit. Les faux amis
viennent partager notre joie, mais il . nous abandonnent dans la
peine. La plupart des hommes se souviennent bien mieux des
services qu'il . rendent, que de ceux qu'il.. reçoivent.

La maison de mon père est grande, celle.. de mon frère est
petite. Les feuilles du pommier tombent avant celle.. du chêne.
La langue d'un muet vaut mieux que celle.. d'un menteur. La
vertu n'est pas comme la beauté : celle..-ci passe, celle..-là reste ;
celle .-ci n'est rien, celle..-là est tout. Parmi ces personnes, les
unes sont polies, les autres sont insolentes ; je déteste celle..-ci,
mais j'aime beaucoup celle..-là Les lois anciennes étaient moins
sages que les modernes : celle..-ci sont douces ; celle..-là étaient
cruelles ; celle..-ci sont justes, celle..-là étaient injustes.

Il y a certains mois pendant lesquel.. la terre ne produit rien.
Il est des connaissances sans lesquel.. on ne peut paraître en
société. Les jours pendant lesquel.. je me suis promené m'ont
semblé bien courts. On est quelquefois trahi par ceux sur lesquel..
on comptait le plus. Nous avons vu des enfants et des vieillards,
desquel.. parlez-vous ? Il est des choses pour lesquel.. on ne conçoit
que du mépris. La foi, l'espérance et la charité sont des vertus sans
lesquel.. on ne peut être sauvé. J'ai rencontré les amis auxquel..
j'avais affaire ; j'ai vu les personnes auxquel.. je devais écrire..
Les lettres auxquel.. vous deviez répondre aujourd'hui ne sont
pas arrivées.

CHAPITRE V.

5ᵉ espèce de mots.—Les VERBES.

N° 103.—(*L'élève dira pourquoi les mots en italique sont des verbes.*)

Je *parle*, tu *écris*, il *apprend*, nous *écoutons*, vous *arrivez*,
ils *récitent* leurs leçons. Nous *lirons* demain. Vous *étudierez*
tantôt. Les enfants *jouèrent*. Ils *sont* fatigués. Elle *est sortie*.
Elles *sont mortes*.

N° 104.—(*L'élève soulignera les verbes.*)

Les cieux *annoncent* la puissance de Dieu. La religion nous
ordonne de *pardonner* à nos ennemis, de les *aimer*, de *prier* pour
eux et de leur *faire* du bien. *Faites* aux autres ce que vous *vou-
driez* qu'on vous *fît*. Celui qui *met* un frein à la fureur des flots,
sait aussi des méchants *arrêter* les complots.

Des modes.

En examinant attentivement l'un des verbes ci-après, *chanter*, par exemple, on voit que :

*105.—Dans un verbe, il y a cinq *modes*, c'est-à-dire cinq *manières* principales de s'exprimer.

*106.—Les cinq modes sont : l'*indicatif*, le *conditionnel*, l'*impératif*, le *subjonctif* et l'*infinitif*.

107.—1° L'*indicatif*, quand on affirme que la chose est, qu'elle a été ou qu'elle sera : *je parle, j'ai parlé, je parlerai*.

2° Le *conditionnel*, quand on dit qu'une chose serait ou qu'elle aurait été moyennant une condition : je *m'instruirais* si j'étudiais.

3° L'*impératif*, quand on commande qu'une chose se fasse : *travaillez*, vous deviendrez savant.

4° Le *subjonctif*, quand le verbe dépend d'un autre qui est avant : il faut *que j'étudie* mes leçons.

5° L'*infinitif*, quand on exprime l'état ou l'action en général : *promettre* et *tenir* sont deux.

108.—L'*indicatif*, le *conditionnel*, l'*impératif* et le *subjonctif* sont des modes *personnels*; l'*infinitif* est un mode *impersonnel*, parce qu'il n'a pas de *personnes* (n° 115).

Des temps.

*109.—Le mode *indicatif* a huit *temps*; le *conditionnel* en a trois; l'*impératif*, un; le *subjonctif*, quatre, et l'*infinitif*, quatre.

*110.—Il y a trois temps principaux : le *présent*, le *passé* et le *futur*.

111.—Le *présent* marque que la chose est ou se fait actuellement : *je récite* ma leçon.

Le *passé* marque que la chose a été faite : *je récitai* mes leçons hier.

Le *futur* marque que la chose se fera : *je réciterai* mes leçons demain.

*112.—Il y a des temps *simples* et des temps *composés*.

*113.—Les temps *simples* sont ceux dans lesquels il n'y a ni le verbe *avoir*, ni le verbe *être* : *tu chantes, il chantait*.

*114.—Les temps *composés* sont ceux dans lesquels il y a le verbe *avoir* ou le verbe *être* : *j'*AI *averti, tu* AS *parlé, il* SERA *parti*.

N°s 105 et 106.—*(L'élève soulignera les verbes et indiquera les modes.)* *

Je crains Dieu. Nous chantions un cantique. Ils feront leurs devoirs. Vous profiterez, je l'espère, des bons avis qu'on vous a donnés. Vous vous instruiriez mieux si vous étiez plus sages. Faites le bien, vous serez heureux. Il faut que les enfants soient polis, dociles et obéissants. Il faudrait que vous eussiez mieux suivi mes conseils et que vous vous fussiez mieux conduit. Donner un mensonge, c'est commettre une bassesse. Le vrai moyen de bien mourir, c'est de bien vivre.

N° 107.—*(L'élève dira ce qu'exprime chaque mode.)*

Nous irons au ciel, si nous observons la loi du Seigneur. Le fils ingrat ressemble au serpent qui mord son bienfaiteur.

Vous feriez mieux vos devoirs si vous écoutiez attentivement les explications de vos maîtres.

Réfléchissez, puis agissez. Donnez beaucoup si vous avez beaucoup, donnez peu si vous avez peu, mais de bon cœur.

Il faut que je travaille si je veux m'instruire. Je doute que vous réussissiez si vous ne changez de conduite.

Consoler les affligés, visiter les malades, soulager ceux qui souffrent, voilà les devoirs que la charité nous impose.

N° 108.—*(Mettre un* P *sur les modes* personnels *et* IM *sur le mode* impersonnel.)

Le temps est comme l'argent : n'en perdez pas, vous en aurez assez. Si vous m'aimiez, vous ne me contrarieriez pas. Quand vous faites l'aumône, que votre main gauche ne sache pas ce que fait votre droite. Reprenez avec douceur ceux qui manquent. On a raison d'exiger que tous les Français sachent au moins lire et écrire.

N°s 109 et 110.—*(Souligner les verbes et indiquer les temps.)*

L'enfant joue, il jouait, il jouera. La jeune fille travaille, elle a travaillé, elle travaillera. Les oiseaux chantent, ils ont chanté, ils chanteront. Nous allâmes à Paris l'an dernier, nous irons à Londres l'an prochain. Dès que j'eus fait mes devoirs, j'allai me promener. Quand tu auras appris ta leçon, tu joueras. Je serais le premier si j'avais mieux lu. Pour que vous ayez un prix, il faut que vous soyez très-obéissant.

N° 111.—*(L'élève dira ce qu'exprime chaque* TEMPS.)

Nous marchons, vous avez reçu, elles apportèrent. Le Seigneur dit à son peuple : Tu ne fabriqueras pas des images pour les adorer. Pardonnons à ceux qui nous ont offensés. Travaille et économise, tu n'auras besoin de personne. Titus aurait pleuré s'il eût été un seul jour sans faire du bien.

N° 112.—*(Mettre une* S *sur les temps* SIMPLES *et un* C *sur les* COMPOSÉS.)

Je finis, tu bâtis, il a dormi, nous avons entendu. Vous avez appris. Elles viendront, elles sont venues. Il sortira, il est sorti. Nous aimons à rendre service. Le riche, qui a bien dîné, ne pense malheureusement pas toujours qu'il existe des pauvres qui meurent de faim.

---

* Les exercices sur les *modes*, les *temps* et les *personnes* ne seront utilement faits que lorsque les élèves sauront *conjuguer* les verbes.

Des personnes et du nombre.

115.—Presque tous les temps ont *trois personnes du singulier* et *trois personnes du pluriel*. Par exemple, le *présent de l'indicatif* du verbe *chanter* est formé de :

Je chante,	1re personne	
Tu chantes,	2e personne	du singulier.
Il chante,	3e personne	
Nous chantons,	1re personne	
Vous chantez,	2e personne	du pluriel.
Ils chantent,	3e personne	

116.—Ainsi, les verbes placés après *je* sont à la 1re personne du singulier ; après *tu*, à la 2e personne du singulier ; après *il*, *elle* ou un *nom* singulier, à la 3e personne du singulier, etc.

Conjugaisons.

117.—Il y a *quatre conjugaisons*, c'est-à-dire *quatre classes de verbes* que l'on distingue par la terminaison de l'*infinitif*.

118.—La 1re conjugaison a l'infinitif terminé en *er*, comme *chanter*, *aimer*, *danser*, *parler*, etc.

La 2e en *ir*, comme *finir*, *dormir*, etc.

La 3e en *oir*, comme *recevoir*, *pouvoir*, etc.

La 4e en *re*, comme *rendre*, *prendre*, etc.

119.—*Conjuguer* un verbe, c'est écrire ou réciter ce verbe dans toute son étendue.

Manière de conjuguer les verbes.

120.—Dans le verbe, on distingue le *radical* et la *terminaison*.

121.—Le *radical* est la première partie du verbe, celle qui ne change pas.—La *terminaison* est la dernière partie du verbe, celle qui change. Ainsi, dans je *chant*E, tu *chant*ES, il *chant*E, nous *chant*ONS, etc., le *radical* est *chant*, et la terminaison *e*, *es*, *e*, *ons*, etc.

122.—Pour conjuguer un verbe, on cherche :

1° Le *modèle* sur lequel il se conjugue ;

2° On *retranche* de ce verbe la *terminaison* mise en tête du modèle ; ce qui reste est le *radical* ;

3° On ajoute au radical les terminaisons du modèle.

123.—Les verbes qui se conjuguent de cette manière se nomment verbes *réguliers*. Les autres sont des verbes *irréguliers* que l'on conjuguera plus tard, par les moyens ci-après indiqués, (p. 57 et suiv.).

N° 115.—(*Souligner les verbes et indiquer les personnes.*)

Je parle, tu parles, il parle, elle parle, Paul parle. Nous parlons, vous parlez, ils parlent, elles parlent, les enfants parlent. Je donnai, tu voulus, elle arriva, ils partirent, nous vîmes, vous dîtes. Jeûnez et priez afin de ne point succomber à la tentation. Faisons le bien et fuyons le mal. Aimez ceux qui vous haïssent; priez pour ceux qui vous persécutent. Prenez conseil d'un homme sage, et laissez-vous guider par un autre qui vaille mieux que vous. Nous remerciâmes notre hôte du bon accueil qu'il nous avait fait. Celui qui honore son père et sa mère trouvera lui-même sa joie dans ses enfants, et il sera exaucé au jour de sa prière.

N°° 117 et 118.—(*Dire pourquoi les verbes suivants sont de telle ou telle conjugaison.*)

1re *Aimer* son père,   *Acheter* un cahier,
2e *Obéir* à ses parents,   *Obtenir* un prix,
3e *Recevoir* ses amis,   *Apercevoir* un défaut,
4e *Rendre* un service,   *Défendre* son pays.

(*L'élève dira de quelle conjugaison sont les verbes suivants.*)

Voyager, convertir, concevoir, prétendre. Donner un livre, avertir ses amis, recevoir des éloges, attendre quelqu'un, soulager les pauvres, établir un usage, savoir des nouvelles, boire du vin. La religion nous ordonne de pardonner à nos ennemis, de prier pour eux et de leur faire du bien. Dieu nous a mis sur la terre pour le connaître, l'aimer, le servir et, par ce moyen, acquérir la vie éternelle. Quand tu sauras ce qui nous est arrivé, tu nous plaindras.

N°° 120 et 121.—(*L'élève distinguera le radical de la terminaison.*)

Je *chant* e.	Je *cherch* ais.	Je sortis.
Tu *chant* es.	Tu *cherch* ais.	Tu sortis.
Il *chant* e.	Il *cherch* ait.	Il sortit.
Nous *chant* ons.	Nous *cherch* ions.	Nous sortîmes.
Vous *chant* ez.	Vous *cherch* iez.	Vous sortîtes.
Ils *chant* ent.	Ils *cherch* aient.	Ils sortirent.

Je porte, tu portes, il porte, n. portons, v. portez, ils portent.

N° 122.—Les *modèles* pour la conjugaison des verbes sont :

1° CHANTER :   radical *chant*,   terminaison *er*,   page 34 ;
2° FINIR :   radical *fin*,   terminaison *ir*,   page 38 ;
3° RECEVOIR :   radical *rec*,   terminaison *evoir*, page 40 ;
4° RENDRE :   radical *rend*,   terminaison *re*,   page 42.

Travailler : ce verbe finissant par *er* se conjugue sur *chanter*; de *travailler*, je retranche *er*, il reste *travaill*, c'est le radical.

Devoir : ce verbe finissant par *oir* se conjugue sur *recevoir*; de *devoir*, je retranche *evoir*, il reste *d*, c'est le radical.

(*L'élève trouvera le radical des verbes suivants.*)

Amasser, amortir, redevoir, concevoir, vendre.

Des Verbes auxiliaires.

127 — Il y a deux verbes qu'on appelle *auxiliaires*, parce qu'ils aident à conjuguer tous les autres; ce sont les verbes *avoir* et *être*.

Verbe auxiliaire AVOIR.

1er Mode —INDICATIF.

PRÉSENT.

1re *pers. sing.* J'ai
2e *pers. sing.* Tu as
3e *pers. sing.* Il a
1re *pers. plur.* Nous avons
2e *pers. plur.* Vous avez
3e *pers. plur.* Ils ont

IMPARFAIT.

Hier, J'avais
Tu avais
Il avait
Nous avions
Vous aviez
Ils avaient

PASSÉ DÉFINI.

Hier, J'eus
Tu eus
Il eut
Nous eûmes
Vous eûtes
Ils eurent

PASSÉ INDÉFINI.

Hier, aujourd'hui, J'ai eu
Tu as eu
Il a eu
Nous avons eu
Vous avez eu
Ils ont eu

PASSÉ ANTÉRIEUR.

Hier, dès que J'eus eu
Tu eus eu
Il eut eu
Nous eûmes eu
Vous eûtes eu
Ils eurent eu

PLUS-QUE-PARFAIT.

Hier, J'avais eu
Tu avais eu
Il avait eu
Nous avions eu
Vous aviez eu
Ils avaient eu

FUTUR.

Demain, J'aurai
Tu auras
Il aura
Nous aurons
Vous aurez
Ils auront

FUTUR ANTÉRIEUR.

Demain, à midi, J'aurai eu
Tu auras eu
Il aura eu
Nous aurons eu
Vous aurez eu
Ils auront eu

2e Mode.—CONDITIONNEL.

PRÉSENT.

Aujourd'hui, J'aurais
Tu aurais
Il aurait
Nous aurions
Vous auriez
Ils auraient

PASSÉ.

Hier, J'aurais eu
Tu aurais eu
Il aurait eu
Nous aurions eu
Vous auriez eu
Ils auraient eu

SECOND PASSÉ.

Hier, J'eusse eu
Tu eusses eu
Il eût eu
Nous eussions eu
Vous eussiez eu
Ils eussent eu

3e Mode.—IMPÉRATIF.

PRÉSENT.

Maintenant, Aie
Ayons
Ayez

4e MODE. — SUBJONCTIF.

PRÉSENT.

Il faut

Que j'aie
Que tu aies
Qu'il ait
Que nous ayons
Que vous ayez
Qu'ils aient

IMPARFAIT.

Il fallait

Que j'eusse
Que tu eusses
Qu'il eût
Que nous eussions
Que vous eussiez
Qu'ils eussent

PASSÉ.

Il est possible

Que j'aie   eu
Que tu aies   eu
Qu'il ait   eu
Que nous ayons eu
Que vous ayez eu
Qu'ils aient   eu

PLUS-QUE-PARFAIT.

On voulait

Que j'eusse   eu
Que tu eusses   eu
Qu'il eût   eu
Que nous eussions eu
Que vous eussiez eu
Qu'ils eussent   eu

5e MODE. — INFINITIF.

PRÉSENT.

Avoir.

PASSÉ.

Avoir eu.

PARTICIPE PRÉSENT.

Ayant.

PARTICIPE PASSÉ.

Eu, eue,
Ayant eu.

NOTA. — Les élèves conjugueront plusieurs fois de vive voix le verbe *avoir*, en lui donnant un *complément* : j'ai *un cahier*, j'ai *des fruits*, j'ai *une plume*, etc. Ils devront apporter le plus grand soin à faire les liaisons.

Exercice sur le verbe *avoir.*

Maintenant, j'ai..., tu a..., il a..., nous avon... chacun un livre. Aujourd'hui, Paris a... plusieurs lieues de circuit. Toi qui a... appris l'histoire, dis-nous les batailles que Napoléon a... gagnées ? Hier, j'eu..., tu eu..., il eu..., nous eûme... tous beaucoup de plaisir. Le général eu... tout l'honneur de la victoire. Elles eure... fini avant que vous eussiez commencé. Nous auron... de l'argent dès que nos débiteurs en auron... reçu. J'aurai.., tu aurai.., il aurai.., elle aurai.., ils aurai.., elles aurai... un livre si elles savaient lire. Ai.., ayon.., ayez souvent recours à la prière. Il faut que j'ai..., que tu ai..., qu'il ai... et qu'elles ai... bien peu de mémoire pour avoir tout oublié. Il faudrait que j'eusse..., que tu eusse.., qu'il eû.., qu'ils eusse... chacun un nouvel habit.

Si tu avai... eu la peine d'amasser ton bien, tu aurai... plus d'économie. Si vous eussiez eu... plus de respect pour vos maîtres, ils eusse.. eu plus de bonté pour vous. Je voudrais qu'ils eusse... dix mille francs de rente, et que j'en eusse... seulement la moitié. A la mort, il ne suffira pas que j'ai... eu, que tu ai... eu, qu'il ai... eu, que nous ayon... eu, que vous ayez eu, qu'ils ai... eu de la fortune ; il faudrait que j'eusse... eu, que tu eusse... eu, qu'il eû... eu, qu'elle eû... eu, que nous eussion... eu, que vous eussiez eu, qu'elles eusse... eu de la religion. Elle a eu.. raison. Il eu.. tort.

Verbe auxiliaire ÊTRE.

1er MODE.—INDICATIF.

* PRÉSENT.

Maintenant,
- Je suis
- Tu es
- Il est
- Nous sommes
- Vous êtes
- Ils sont

* IMPARFAIT.

Autrefois,
- J'étais
- Tu étais
- Il était
- Nous étions
- Vous étiez
- Ils étaient

* PASSÉ DÉFINI.

Hier,
- Je fus
- Tu fus
- Il fut
- Nous fûmes
- Vous fûtes
- Ils furent

PASSÉ INDÉFINI.

Aujourd'hui,
- J'ai   été
- Tu as   été
- Il a   été
- Nous avons été
- Vous avez   été
- Ils ont   été

PASSÉ ANTÉRIEUR.

Hier, dès que,
- J'eus   été
- Tu eus   été
- Il eut   été
- Nous eûmes été
- Vous eûtes été
- Ils eurent   été

PLUS-QUE-PARFAIT.

Lorsque,
- J'avais   été
- Tu avais   été
- Il avait   été
- Nous avions été
- Vous aviez   été
- Ils avaient   été

* FUTUR.

Maintenant,
- Je serai
- Tu seras
- Il sera
- Nous serons
- Vous serez
- Ils seront

FUTUR ANTÉRIEUR.

Lorsque,
- J'aurai   été
- Tu auras   été
- Il aura   été
- Nous aurons été
- Vous aurez   été
- Ils auront   été

2e MODE.—CONDITIONNEL.

* PRÉSENT.

Maintenant,
- Je serais
- Tu serais
- Il serait
- Nous serions
- Vous seriez
- Ils seraient

* PASSÉ.

Hier,
- J'aurais   été
- Tu aurais   été
- Il aurait   été
- Nous aurions été
- Vous auriez   été
- Ils auraient   été

SECOND PASSÉ.

Autrefois,
- J'eusse   été
- Tu eusses   été
- Il eût   été
- Nous eussions été
- Vous eussiez été
- Ils eussent   été

3e MODE.—IMPÉRATIF.

* PRÉSENT.

Maintenant,
- Sois,
- Soyons
- Soyez

4e Mode.—SUBJONCTIF.

PRÉSENT.

Il faut
Que je sois
Que tu sois
Qu'il soit
Que nous soyons
Que vous soyez
Qu'ils soient

IMPARFAIT.

Il fallait
Que je fusse
Que tu fusses
Qu'il fût
Que nous fussions
Que vous fussiez
Qu'ils fussent

PASSÉ.

Il est possible
Que j'aie   été
Que tu aies   été
Qu'il ait   été
Que nous ayons   été
Que vous ayez   été
Qu'ils aient   été

PLUS-QUE-PARFAIT.

On voulait
Que j'eusse   été
Que tu eusses   été
Qu'il eût   été
Que nous eussions été
Que vous eussiez   été
Qu'ils eussent   été

5e Mode.—INFINITIF.

PRÉSENT.

Être.

PASSÉ.

Avoir été.

PARTICIPE PRÉSENT.

Étant.

PARTICIPE PASSÉ.

Été,
Ayant été.

Conjuguez ensuite, en faisant bien les liaisons, être *aimable* être *heureux*, être *docile, courageux, agréable, imprudent, absent, obéissant,* etc.

Exercice sur le verbe *être.*

Maintenant, je sui..., tu es..., il es..., nous somme..., vous ête... ils son... soumis. Hier, j'étai..., tu étai..., il étai..., ils étai... absents... L'an dernier, je fu..., tu fu..., il fu..., nous fûmes..., vous fûte..., ils fure... malades. Nous seron... heureux de vous voir. Ils seron... heureux de vous parler. Je serai..., tu serai..., il serai..., elle serai... ils serai..., elles serai... instruites si elles travaillaient Soi... sage, tu auras un prix. Il faut que je soi.., que tu soi.., qu'il soi.., qu'elle soi.., qu'ils soi.., qu'elles soi.., que chacun soi.. généreux envers les pauvres. Il aurait fallu que je fusse..., que tu fusse.., qu'il fû.., qu'elle fû.., qu'ils fusse.., qu'elles fusse.. bien habiles pour réussir.

Dis-moi qui tu hantes, je te dirai qui tu es... L'arsenic es... un poison violent. La religion catholique es.. fort belle. Nous somme... toujours contents de nous. Vous ête... jeunes : soyez prudents et discrets. Si nous étion.. plus vertueux, nous serion... plus heureux. Il faudrait que je fusse..., que tu fusse..., qu'ils fusse... bien ingrats pour abandonner le Seigneur. Tu es... instruit. Elle es.. méchante. Saint Pierre étai... le chef des apôtres. Les apôtres étai... de pauvres pêcheurs. On fu.. content de vous. Il faudrait qu'on fû.. insensé pour nier l'existence de Dieu. Ne crois pas, parce que tu es.. riche, que tu soi.. dispensé d'être honnête. La politesse es.. nécessaire à tout le monde.

Modèle pour la 1re conjugaison en ER.

Verbe CHANTER : radical CHANT, terminaison ER.

Nota.—Les temps *simples* sont marqués d'une *.

1er MODE.—INDICATIF.

* PRÉSENT.

Aujourd'hui,
Je   chant e
Tu   chant es
Il   chant e
Nous chant ons
Vous chant ez
Ils   chant ent

* IMPARFAIT.

Autrefois,
Je   chant ais
Tu   chant ais
Il   chant ait
Nous chant ions
Vous chant iez
Ils   chant aient

* PASSÉ DÉFINI.

Hier,
Je   chant ai
Tu   chant as
Il   chant a
Nous chant âmes
Vous chant âtes
Ils   chant èrent

PASSÉ INDÉFINI.

Hier, aujourd'hui,
J'ai   chant é
Tu as   chant é
Il a   chant é
Nous avons chant é
Vous avez   chant é
Ils ont   chant é

PASSÉ ANTÉRIEUR.

Dès que
J'eus   chant é
Tu eus   chant é
Il eut   chant é
Nous eûmes chant é
Vous eûtes chant é
Ils eurent   chant é

PLUS-QUE-PARFAIT.

Lorsque
J'avais   chant é
Tu avais   chant é
Il avait   chant é
Nous avions chant é
Vous aviez chant é
Ils avaient chant é

* FUTUR.

Demain,
Je   chant erai
Tu   chant eras
Il   chant era
Nous chant erons
Vous chant erez
Ils   chant eront

FUTUR ANTÉRIEUR.

Demain, à midi,
J'aurai   chant é
Tu auras   chant é
Il aura   chant é
Nous aurons chant é
Vous aurez   chant é
Ils auront   chant é

2e MODE.—CONDITIONNEL.

* PRÉSENT.

Maintenant,
Je   chant erais
Tu   chant erais
Il   chant erait
Nous chant erions
Vous chant eriez
Ils   chant eraient

PASSÉ.

Hier,
J'aurais   chant é
Tu aurais   chant é
Il aurait   chant é
Nous aurions chant é
Vous auriez   chant é
Ils auraient   chant é

SECOND PASSÉ.

Autrefois,
J'eusse   chant é
Tu eusses   chant é
Il eût   chant é
Nous eussions chant é
Vous eussiez chant é
Ils eussent   chant é

3e MODE.—IMPÉRATIF.

* PRÉSENT.

Maintenant,
Chant e
Chant ons
Chant ez

4e Mode.—SUBJONCTIF.

PRÉSENT.

Il faut
Que je   *chant* e
Que tu   *chant* es
Qu'il   *chant* e
Que nous   *chant* ions
Que vous   *chant* iez
Qu'ils   *chant* ent

IMPARFAIT.

Il fallait
Que je   *chant* asse
Que tu   *chant* asses
Qu'il   *chant* ât
Que nous   *chant* assions
Que vous   *chant* assiez
Qu'ils   *chant* assent

PASSÉ.

Il faudra
Que j'aie   *chant* é
Que tu aies   *chant* é
Qu'il ait   *chant* é
Que nous ayons *chant* é
Que vous ayez   *chant* é
Qu'ils aient   *chant* é

PLUS-QUE-PARFAIT.

Il faudrait
Que j'eusse   *chant* é
Que tu eusses   *chant* é
Qu'il eût   *chant* é
Que nous eussions *chant* é
Que vous eussiez *chant* é
Qu'ils eussent   *chant* é

5e Mode —INFINITIF.

PRÉSENT.

Chant er

PASSÉ.

Avoir *chant* é

PARTICIPE PRÉSENT.

Chant ant

PARTICIPE PASSÉ.

Chant é , *chant* ée ;
Ayant *chant* é.

Verbes à conjuguer sur *chanter* : planter, porter, parler, donner, calculer, tourner, compter, raconter, — estimer, admirer, aimer, exhausser, honorer, hésiter, encaisser, — lâcher, tâcher, fêter, arrêter, empêcher, quitter, acquitter, — tailler, travailler, habiller, babiller, éveiller, surveiller, briller, — jouer, nouer, échouer, saluer, avouer, clouer, louer, tuer, suer, remuer, diminuer, influer, — gagner, signer, saigner, aligner, consigner, régner, — marquer, risquer, fabriquer, invoquer, indiquer, critiquer, expliquer, embarquer, débarquer, — léguer, conjuguer, alléguer, reléguer, voguer, naviguer, etc.

125.—REMARQUE.—Les pronoms *je, tu, il, nous, vous, ils* sont les *sujets* du verbe. Ainsi, quand on dit *je chante, je* est le sujet de *chante; nous chantons, nous* est le sujet de *chantons. — A l'impératif,* les sujets ne sont pas exprimés, ils sont *sous-entendus.* (V. n^{cs} 148 et suiv.)

Exercices généraux sur la conjugaison des verbes.

1er EXERCICE. — Dites la 1re personne, l'élève finira le temps.

2e EXERCICE. — Demandez un *temps*, l'élève le conjuguera *avec ou sans complément.*

3e EXERCICE. — Demandez une *personne* à tel *nombre,* à tel *temps* et à tel *mode,* l'élève le dira.

4e EXERCICE.— Dites une *personne,* l'élève dira la personne *correspondante* au *singulier* ou au *pluriel.*

5e EXERCICE. —Dites une *personne,* l'élève l'analysera en indiquant le *nombre,* le *temps* et le *mode.*

NOTA.—Pour les exerc. préparatoires sur les verbes en *er*, V. *Cours de dictées.*

REMARQUES SUR CERTAINS VERBES DE LA 1re CONJUGAISON.

126. — Dans les verbes en *cer*, comme *placer*, on met une cédille sous le *c* quand il est suivi d'un *a* ou d'un *o*. Ex. : *je plaçai, nous plaçons.* (*)

Verbes en *cer* : *avancer, annoncer, acquiescer, commencer, effacer, enfoncer, exaucer, exercer, forcer, lancer, menacer, percer, placer, prononcer, renoncer, tracer,* etc.

127. — Dans les verbes en *ger*, comme *manger*, on met un *e* après le *g* quand la terminaison commence par *a* ou par *o*. Ex. : *je mange* AI, *nous mange* ONS.

Verbes en *ger* : *affliger, allonger, arranger, changer, charger, corriger, interroger, juger, manger, ménager, nager, partager, plonger, protéger, ranger, ravager, songer, venger, voyager,* etc.

128. — Dans les verbes en *eler* ou *eter*, comme *appeler, jeter*, on double les consonnes *l* ou *t* quand la terminaison commence par un *e* muet. Ex. : *j'appell*E, *il jett*ERA.

Verbes en *eler* : *appeler, atteler, chanceler, celer, épeler, ficeler, harceler, niveler, peler, rappeler, renouveler,* etc.

Verbes en *eter* : *acheter, becqueter, cacheter, décacheter, étiqueter, empaqueter, feuilleter, jeter, projeter, rejeter,* etc.

129. — Dans les verbes en *éer*, comme *créer*, il y a deux *e* de suite quand la terminaison commence par un *e* muet. Ex. : *je cré*E, *il cré*ERA, *qu'ils cré*ENT.

Au participe passé féminin, il y a trois *e* : *cré*ÉE.

Verbes en *éer* : *créer, récréer, gréer, suppléer,* etc.

130. — Les verbes en *ier*, comme *prier, lier* ont deux *i* à la 1re et à la 2e personne plurielle de *l'imparfait de l'indicatif* et du *présent du subjonctif*. Ex. : *nous pri*IONS, *vous pri* IEZ ; *que nous pri* IONS, *que vous pri* IEZ.

Verbes en *ier* : *allier, apprécier, associer, certifier, colorier, décrier, dédier, étudier, expier, humilier, nier, lier, négocier, orthographier, oublier, parier, plier, remercier, sacrifier, supplier.*

131. — Les verbes en *yer*, comme *ployer*, ont un *y* et un *i* à la 1re et à la 2e personne plurielle de *l'imparfait de l'indicatif* et du *présent du subjonctif*. Ex. : *nous ploy* IONS, *vous ploy* IEZ ; *que nous ploy* IONS, *que vous ploy* IEZ.

Dans ces verbes en *yer*, on change l'*y* en *i* avant un *e* muet. Ex.: *je ploi*E, *je ploi*ERAI, *je ploi*ERAIS, *que je ploi*E. **

Verbes en *yer* : *balayer, cotoyer, délayer, déployer, effrayer, employer, ennuyer, essuyer, louvoyer, nettoyer, noyer, payer, ployer, rayer, planchéyer, tutoyer.*

---

* Il en est de même dans les autres conjugaisons : *je reçois.*

** Il en est de même pour *tous* les verbes dont le *part. prés.* finit par YANT.

N° 126.—*(L'élève mettra les cédilles qui manquent.)*
Nous *plaçons* en Dieu notre confiance. Tu *devanças* tes camarades.
On *annonça* notre arrivée. Nous *commençâmes* à parler. Vous *effa-
ciez* une lettre. Il faudrait qu'on *perçât* le mur. Vous *exercerez*
votre esprit. *Efforcez*-vous de mériter l'estime des honnêtes gens.
Vous *lançâtes* des pierres. Elles *menaçaient* cet insolent. Nous
perçons un tonneau. Vous *prononçâtes* un discours.

N° 127.—*(L'élève mettra les lettres qui manquent.)*
Eve *mang-a* du fruit défendu et *engag-a* son mari à en manger
aussi. Ne nous *afflig-ons* pas : Dieu nous voit. Vous *jug-âtes*
convenable de changer de conduite. Nous *voyag-ons* très-souvent.
Protég-ons les opprimés, et *rang-ons*-nous de leur côté. Nous
encourag-ons les enfants au travail. Je *partag-ais* votre opinion.
Les étrangers *ravag-aient* notre pays. *Corrig-ons* nos devoirs. Il
faut que nous *ménag-ions* notre argent. Il faudrait qu'il *song-ât*
à l'avenir.

N° 128. — *Jet-ons* des fleurs à ceux qui nous *jet-ent* des pierres.
Je me *rappel-e* que vous *épel-iez* encore l'an dernier. Je vous *re-
nouvel-erai* ma promesse. On ne *cel-era* pas à Dieu les actions
qu'on *cel-e* aux hommes. J'*achet-erai* un couteau et vous *achet-erez*
un canif. Je *cachet-e* ma lettre et vous *décachet-ez* la vôtre. Cet
enfant *feuillet-e* continuellement ses livres. Cet homme a *projet-é* et
projet-era toute sa vie. Le fils insensé *rejet-e* les conseils de sa mère.

N° 129.—*(L'élève mettra les verbes aux temps indiqués.)*
Dieu *créer* (Pass. indéf.) le ciel et la terre. Nous nous *récréer* (futur)
tous les jours; les enfants se *récréer* (Ind. prés). On *gréer* (futur)
le navire. On *agréer* (Cond-prés.) votre proposition si elle était
raisonnable. On *suppléer* (Ind-prés.) au nombre par la valeur. Les
choses offertes se sont pas toujours *agréer*. (Part. passé.)

N° 130. — Aujourd'hui, nous *prier* (Ind. prés.) Dieu. Hier, nous
prier (Imparf.) Dieu. Maintenant vous *étudier* (Ind. prés.) Autrefois
vous *étudier* (Imparf.) Je désire que vous *apprécier* (Subj. prés.)
bien les avantages de l'instruction. Nous *plier* (Imparf.) votre lettre
quand le courrier est parti. Nous vous *remercier* (Prés.) de votre
complaisance. Autrefois, vous *n'orthographier* (Imparf.) pas bien.
Il faut que nous *expier* (Subj. prés) nos fautes par la pénitence. Je
demande que vous *vérifier* (Subj. prés.) votre calcul. Pourquoi *nier*
(Ind. prés.)-vous aujourd'hui, ce que vous *certifier* (Imparf.) hier?

131. — Maintenant, nous *ployer* (Ind. pré.) nos habits. Autrefois,
nous *ployer* (Imparf.) nos habits. Aujourd'hui, nous *balayer* (Ind.
prés.) la classe. Hier, nous *balayer* (Imp.) la classe. Je vois que vous
vous *ennuyer* (Ind. prés) Je croyais que vous vous *ennuyer* (Imparf.)
Il ne suffit pas que nous *nettoyer* (Subj. prés.) notre corps, il faut
que nous *purifier* (Subj. prés.) notre âme.

Je déploie, tu —, il —, nous déployons, vous —, ils déploi..
Tu *effrayer* (Ind. pré.) tes parents. Vous *effrayer* (Ind. pré.) vos amis
J'*essayer* (futur) mon habit. Qui *payer* (Ind. prés.) ses dettes s'enri-
chit. L'enfant qui *tutoyer* (Ind. prés.) tout le monde n'est pas poli.
Nous *louvoyer* (futur) s'il le faut. Ce brave homme *essuyer* (Pas.
ind.) bien des revers. *Essuyer* (Impératif) tes mains.

Modèle pour la 2e conjugaison en IR.

Verbe FINIR : radical FIN ; terminaison IR.

Les temps *simples* sont marqués d'une *.

1er Mode.—INDICATIF.

***PRÉSENT.**

Actuellement,
Je	fin is
Tu	fin is
Il	fin it
Nous	fin issons
Vous	fin issez
Ils	fin issent

***IMPARFAIT.**

Lorsque
Je	fin issais
Tu	fin issais
Il	fin issait
Nous	fin issions
Vous	fin issiez
Ils	fin issaient

***PASSÉ DÉFINI.**

L'an dernier,
Je	fin is
Tu	fin is
Il	fin it
Nous	fin îmes
Vous	fin îtes
Ils	fin irent

PASSÉ INDÉFINI.

Ce matin,
J'ai	fin i
Tu as	fin i
Il a	fin i
Nous avons	fin i
Vous avez	fin i
Ils ont	fin i

PASSÉ ANTÉRIEUR.

Dès que
J'eus	fin i
Tu eus	fin i
Il eut	fin i
Nous eûmes	fin i
Vous cûtes	fin i
Ils eurent	fin i

PLUS-QUE-PARFAIT.

Quand
J'avais	fin i
Tu avais	fin i
Il avait	fin i
Nous avions	fin i
Vous aviez	fin i
Ils avaient	fin i

***FUTUR.**

Demain,
Je	fin irai
Tu	fin iras
Il	fin ira
Nous	fin irons
Vous	fin irez
Ils	fin iront

FUTUR ANTÉRIEUR.

Demain, quand
J'aurai	fin i
Tu auras	fin i
Il aura	fin i
Nous aurons	fin i
Vous aurez	fin i
Ils auraient	fin i

2e Mode.—CONDITIONNEL.

***PRÉSENT.**

Aujourd'hui,
Je	fin irais
Tu	fin irais
Il	fin irait
Nous	fin irions
Vous	fin iriez
Ils	fin iraient

PASSÉ.

Hier,
J'aurais	fin i
Tu aurais	fin i
Il aurait	fin i
Nous aurions	fin i
Vous auriez	fin i
Ils auraient	fin i

SECOND PASSÉ.

Autrefois,
J'eusse	fin i
Tu eusses	fin i
Il eût	fin i
Nous eussions	fin i
Vous eussiez	fin i
Ils eussent	fin i

3e Mode.—IMPÉRATIF.

***PRÉSENT.**

Maintenant,
| Fin is |
| Fin issons |
| Fin issez |

4e MODE.—SUBJONCTIF.

PRÉSENT.

Il faut
Que je   *fin* isse
Que tu   *fin* isses
Qu'il   *fin* isse
Que nous   *fin* issions
Que vous   *fin* issiez
Qu'ils   *fin* issent

IMPARFAIT.

Il fallait
Que je   *fin* isse
Que tu   *fin* isses
Qu'il   *fin* ît
Que nous   *fin* issions
Que vous   *fin* issiez
Qu'ils   *fin* issent

PASSÉ

Il a fallu
Que j'aie   *fin* i
Que tu aies   *fin* i
Qu'il ait   *fin* i
Que nous ayons   *fin* i
Que vous ayez   *fin* i
Qu'ils aient   *fin* i

PLUS-QUE-PARFAIT.

Il faudrait
Que j'eusse   *fin* i
Que tu eusses   *fin* i
Qu'il eût   *fin* i
Que nous eussions   *fin* i
Que vous eussiez   *fin* i
Qu'ils eussent   *fin* i

5e MODE.—INFINITIF.

PRÉSENT.

Fin *ir*

PASSÉ.

Avoir *fin* i

PARTICIPE PRÉSENT.

Fin *issant*

PARTICIPE PASSÉ.

Fin i, *fin* ie ;
Ayant *fin* i.

Verbes à conjuguer sur *finir* : punir, fournir, salir, blanchir, fléchir, remplir, nourrir, avertir, trahir, obéir, périr, jouir, réfléchir, réussir, vieillir, adoucir, bâtir, saisir, garantir, etc.

152.—REMARQUE.—*Haïr* fait **au présent de l'indicatif** je *hais*, tu *hais*. il *hait* ; au passé défini. il fait nous haïmes, vous haïtes.
Bénir a deux participes passés : *béni* et *bénit*.

Exercice sur les verbes en *ir*.

J'obéi.., tu obéi.., elle obéi... l'enfant obéi... à ses maîtres. Je chérissai.., tu chérissai.., il chérissai.., elles chérissai... leurs parents. Hier je fini.., tu fini.., il fini.., nous finîme.., vous finîte... de bonne heure. Elle a eu fini... avant moi. Ils ont eu fini.. après vous. On a rempli... le tonneau, on le rempli.. hier. Ils finiron... leur travail quand nous finiron.. le nôtre. Je trahirai.., tu trahirai.., il trahirai..., ils trahirai... leurs amis s'ils révelaient ce secret. Rempli.. tes devoirs, tu seras heureux et content. Il faut que j'avertisse.;, que tu avertiss.., qu'il avertiss.., qu'ils avertisse.. leurs amis du danger. Je voudrais qu'on averti... votre mère.

Je bâti... une maison. J'ai bâti... un château. On a établi... un nouvel impôt. On établi.. de nouveaux usages. On puni... les enfants indociles. On a puni... votre frère. Le médecin qui guéri... autrefois votre mère a aussi guéri... votre tante. Ce mauvais citoyen a trahi... son pays ; ne trahi... jamais le tien. Je hai.., tu haï.. il haï.., nous haïsson.., nous détestons les menteurs. Nous avons toujours haï... l'hypocrisie. Il haï.., nous haïme.., vous haïte... constamment les procès. Nos rosiers ont fleuri... Cette plante fleuri... au printemps. C'est un peuple béni... de Dieu, une maison béni... du ciel. Le prêtre a béni... les rameaux. On prend de l'eau béni... et du pain béni.

Modèle pour la 3e conjugaison en OIR.

Verbe RECEVOIR : radical REC, terminaison *EVOIR*.

Les temps *simples* sont marqués d'une *.

1er MODE.—INDICATIF.

* PRÉSENT.

Aujourd'hui,

Je	*reç* ois
Tu	*reç* ois
Il	*reç* oit
Nous	*rec* evons
Vous	*rec* evez
Ils	*reç* oivent

* IMPARFAIT.

Autrefois,

Je	*rec* evais
Tu	*rec* evais
Il	*rec* evait
Nous	*rec* evions
Vous	*rec* eviez
Ils	*rec* evaient

* PASSÉ DÉFINI.

Hier,

Je	*reç* us
Tu	*reç* us
Il	*reç* ut
Nous	*reç* ûmes
Vous	*reç* ûtes
Ils	*reç* urent

PASSÉ INDÉFINI.

L'an dernier,

J'ai	*reç* u
Tu as	*reç* u
Il a	*reç* u
Nous avons	*reç* u
Vous avez	*reç* u
Ils ont	*reç* u

PASSÉ ANTÉRIEUR.

Dès que,

J'eus	*reç* u
Tu eus	*reç* u
Il eut	*reç* u
Nous eûmes	*reç* u
Vous eûtes	*reç* u
Ils eurent	*reç* u

PLUS-QUE-PARFAIT.

Lorsque,

J'avais	*reç* u
Tu avais	*reç* u
Il avait	*reç* u
Nous avions	*reç* u
Vous aviez	*reç* u
Ils avaient	*reç* u

* FUTUR.

Demain,

Je	*rec* evrai
Tu	*rec* evras
Il	*rec* evra
Nous	*rec* evrons
Vous	*rec* evrez
Ils	*rec* evront

FUTUR ANTÉRIEUR.

Dès que,

J'aurai	*reç* u
Tu auras	*reç* u
Il aura	*reç* u
Nous aurons	*reç* u
Vous aurez	*reç* u
Ils auront	*reç* u

2e MODE.—CONDITIONNEL.

* PRÉSENT.

Aujourd'hui,

Je	*rec* evrais
Tu	*rec* evrais
Il	*rec* evrait
Nous	*rec* evrions
Vous	*rec* evriez
Ils	*rec* evraient

PASSÉ.

Hier,

J'aurais	*reç* u
Tu aurais	*reç* u
Il aurait	*reç* u
Nous aurions	*reç* u
Vous auriez	*reç* u
Ils auraient	*reç* u

SECOND PASSÉ.

Autrefois,

J'eusse	*reç* u
Tu eusses	*reç* u
Il eût	*reç* u
Nous eussions	*reç* u
Vous eussiez	*reç* u
Ils eussent	*reç* u

3e MODE.—IMPÉRATIF.

* PRÉSENT.

Aujourd'hui,

| *Reç* ois |
| *Rec* evons |
| *Rec* evez |

4e Mode.—SUBJONCTIF.

PRÉSENT.

Il faut
Que je *reç* oive
Que tu *reç* oives
Qu'il *reç* oive
Que nous *reç* evions
Que vous *reç* eviez
Qu'ils *reç* oivent

IMPARFAIT.

Il fallait
Que je *reç* usse
Que tu *reç* usses
Qu'il *reç* ût
Que nous *reç* ussions
Que vous *reç* ussiez
Qu'ils *reç* ussent

PASSÉ.

Il est possible
Que j'aie *reç* u
Que tu aies *reç* u
Qu'il ait *reç* u
Que nous ayons *reç* u
Que vous ayez *reç* u
Qu'ils aient *reç* u

PLUS-QUE-PARFAIT.

Il faudrait
Que j'eusse *reç* u
Que tu eusses *reç* u
Qu'il eût *reç* u
Que nous eussions *reç* u
Que vous eussiez *reç* u
Qu'ils eussent *reç* u

5e Mode. — INFINITIF.

PRÉSENT.

Rec evoir

PASSÉ.

Avoir *reç* u

PARTICIPE PRÉSENT.

Rec evant

PARTICIPE PASSÉ.

Reç u, *reç* ue ;
Ayant *reç* u.

133 —Les seuls verbes qui se conjuguent sur *recevoir* sont ceux qui finissent par *evoir* : concevoir, percevoir, décevoir, devoir, redevoir et apercevoir (ce dernier ne prend qu'un *p*).

134.—*Devoir* et *redevoir* prennent un accent circonflexe, mais seulement au participe passé masculin singulier : *dû* et *redû*.

135.—De tous les verbes terminés par le son *oir*, il n'y a que *boire* et *croire* qui finissent par *re* et soient de la 4e conjugaison.

Exercice sur les verbes en *oir*.

Je reçoi.., tu reçoi.., il reçoi.., l'enfant reçoi.. des éloges. Tantôt j'apercevai..., tu apercevai.... il apercevai..., elle apercevai.., ils apercevai... une foule de gens. Je conçu.., tu conçu..., il conçu.., elle conçu.., ils conçure... un bon projet et ne pure.. l'exécuter. Reçoi.. ce présent : tu l'as bien mérité. Il faut que je reçoive ., que tu reçoive..,qu'il reçoive..,qu'ils reçoive.., qu'elles reçoive.. honnêtement les étrangers. On voulait que je perçusse.., que tu perçusse.., qu'il perçû..,qu'ils perçusse.. des sommes qui ne m'étaient pas du..

Vous dûte... nous voir. Nous ne pûme... vous attendre. Nous reçûme..., vous reçûte.. avec reconnaissance les sages conseils de ce sage vieillard. Nous apercevron.., ils apercevron.. sans doute leur faute. Hier, la sentinelle aperçu.. quelqu'un. Aujourd'hui, elle a aussi aperçu.. quelqu'un. Il a reçu... de l'argent ; il en reçu.... hier. Il conçu... un beau projet, mais il fut bien déçu... Il a plu.. aujourd'hui, il plu... hier. Jules s'est assi... un instant. Il s'assi... une heure. Il m'a dû.. dix francs, il m'en du... même cent. Je voudrais qu'il m'en dû... mille. Une chose promise est du...

Modèle pour la 4ᵉ conjugaison en RE.

Verbe RENDRE : radical REND, terminaison *RE.*

Les temps *simples* sont marqués d'une *.

1ᵉʳ Mode.—INDICATIF.

*** PRÉSENT.**

Maintenant,
Je rend s
Tu rend s
Il rend
Nous rend ons
Vous rend ez
Ils rend ent

*** IMPARFAIT.**

Autrefois,
Je rend ais
Tu rend ais
Il rend ait
Nous rend ions
Vous rend iez
Ils rend aient

*** PASSÉ DÉFINI.**

Hier,
Je rend is
Tu rend is
Il rend it
Nous rend îmes
Vous rend îtes
Ils rend irent

PASSÉ INDÉFINI.

Ce matin,
J'ai rend u
Tu as rend u
Il a rend u
Nous avons rend u
Vous avez rend u
Ils ont rend u

PASSÉ ANTÉRIEUR.

Dès que,
J'eus rend u
Tu eus rend u
Il eut rend u
Nous eûmes rend u
Vous eûtes rend u
Ils eurent rend u

PLUS-QUE-PARFAIT.

Lorsque,
J'avais rend u
Tu avais rend u
Il avait rend u
Nous avions rend u
Vous aviez rend u
Ils avaient rend u

*** FUTUR.**

Demain,
Je rend rai
Tu rend ras
Il rend ra
Nous rend rons
Vous rend rez
Ils rend ront

FUTUR ANTÉRIEUR.

Demain soir,
J'aurai rend u
Tu auras rend u
Il aura rend u
Nous aurons rend u
Vous aurez rend u
Ils auront rend u

2ᵉ Mode.—CONDITIONNEL.

*** PRÉSENT.**

Aujourd'hui,
Je rend rais
Tu rend rais
Il rend rait
Nous rend rions
Vous rend riez
Ils rend raient

PASSÉ.

Autrefois,
J'aurais rend u
Tu aurais rend u
Il aurait rend u
Nous aurions rend u
Vous auriez rend u
Ils auraient rend u

SECOND PASSÉ.

Hier,
J'eusse rend u
Tu eusses rend u
Il eût rend u
Nous eussions rend u
Vous eussiez rend u
Ils eussent rend u

3ᵉ Mode.—IMPÉRATIF.

*** PRÉSENT.**

Aujourd'hui,
Rend s
Rend ons
Rend ez

4e MODE.—SUBJONCTIF.

PRÉSENT.

On désire —
Que je rend e
Que tu rend es
Qu'il rend e
Que nous rend ions
Que vous rend iez
Qu'ils rend ent

IMPARFAIT.

On désirait
Que je rend isse
Que tu rend isses
Qu'il rend ît
Que nous rend issions
Que vous rend issiez
Qu'ils rend issent

PASSÉ.

On veut
Que j'aie rend u
Que tu aies rend u
Qu'il ait rend u
Que nous ayons rend u
Que vous ayez rend u
Qu'ils aient rend u

PLUS-QUE-PARFAIT.

On voulait
Que j'eusse rend u
Que tu eusses rend u
Qu'il eût rend u
Que nous eussions rend u
Que vous eussiez rend u
Qu'ils eussent rend u

5e MODE.—INFINITIF.

PRÉSENT.

Rend re

PASSÉ.

Avoir rend u

PARTICIPE PRÉSENT.

Rend ant

PARTICIPE PASSÉ.

Rend u, rend ue ;
Ayant rend u.

Verbes à conjuguer sur *rendre* : vendre, attendre, défendre, dépendre, entendre, fendre, fondre, étendre, suspendre, épandre, répandre, pendre, perdre, répondre, tendre, tordre, etc.

156. — Dans les verbes en *indre* ou en *soudre*, comme *peindre*, *résoudre*, etc., on remplace *ds*, *ds*, *d*, par *s*, *s*, *t* aux trois premières personnes du présent de l'indicatif : *je peins, tu peins, il* peinT. *Je résous, tu résous, il* résouT.

157. — Les verbes en *aître* ne prennent un accent circonflexe que quand l'*i* est suivi d'un T : *il paraît, il paraîtrait*.

158. — Parmi les verbes en *indre*, il n'y en a que trois qui prennent *a* ; ce sont *contraindre*, *craindre*, *plaindre* Les autres finissent par *eindre* : *peindre*, *atteindre*, etc.

159. — De tous les verbes en *endre*, il n'y en a que deux qui prennent *a* : *épandre*, *répandre*.

Exercices sur les verbes en re.

Je vend..., tu vend..., ce marchand vend , de belles étoffes. Hier, j'attendai..., tu attendai..., il attendai.., ils attendai... des nouvelles. Je rendi ..., tu rendi..., il rendi. ., il faudrait qu'elle rendî.... des comptes Je perdrai..., nous perdron..., ils perdron... leur fortune. Je répondrai..., tu répondrai..., il répondrai..., ces enfants répondrai... s'ils savaient. Rend... à chacun ce qui lui est dû. On veut que je pende..., que tu pende..., qu'il pende..., que les ouvriers pende... la porte. Il faudrait que je fendisse.. , que tu fendisse..., qu'ils fendisse... ce gros arbre.—Je crain .., tu crain..., il crain... Je résou..., tu résou..., il résou... Je connai..., je connaîtrai, je connaîtrais, que je connaisse, etc.

Terminaisons DES TEMPS SIMPLES *des Verbes.*

NOM DES TEMPS.	1re pers. du sing.	2e pers. du sing.	3e pers. du sing.	1re pers. du sing.	2e pers. du plur.	3e pers. du plur.
Le *présent de l'indicatif* finit par	e, s, x	s, x	c, t, d	ons	ez	ent
L'*imparfait* de *tous* les verbes .	ais	ais	ait	ions	iez	aient
Le *passé défini* finit par	ai, s	s	a, t	mes	tes	rent
Le *futur* de *tous* les verbes. . .	rai	ras	ra	rons	rez	ront
Le *prés. du condit.* de *tous* les verb	rais	rais	rait	rions	riez	raient
L'*impératif* finit par.	. . . .	s*	. . . .	ons	ez	. . . .
Le *prés. du subj.* de *tous* les verb	e	es	e***	ions	iez	ent
L'*imp du subj.* de *tous* les verbes	sse	sses	t	ssions	ssiez	ssent

Résumé :

1re pers. du sing . .	s, e, ai, x.	1re pers. du plur.	s.
2e pers. du sing . .	s, x.	2e pers. du plur. . . .	z, s.
3e pers. du sing . .	t, e, a, d, c.	3e pers. du plur.	nt.

Remarques sur les terminaisons des Verbes.

En examinant le tableau ci-dessus, on voit que :

140. — La première personne du singulier finit ordinairement par s et jamais par *t* ; ex. : *je finis, je reçois, je rends.*

Elle finit par *e* quand la dernière syllabe est muette ; ex : *je chante, je souffre, que je reçoive, que je rendisse.*

Elle finit par *ai* au passé défini de la 1re conjugaison et au futur des quatre conjugaisons ; ex. : *je chantai, je chanterai, je finirai, je recevrai, je rendrai.*

Elle finit par *x* dans *je veux, je peux, je vaux, je prévaux.*

***141.** — La seconde personne du singulier finit par s ; ex. : *tu chantes, tu finis, tu reçois, tu rends.*

Excepté dans *tu veux. tu peux, tu vaux, tu prévaux.*

142. — La troisième personne du singulier finit ordinairement par T et jamais par *s* ; ex. : *il finiT, il reçoiT, il peinT.*

Elle finit par *e* quand la dernière syllabe est muette ; ex. : *il chante, il souffre, qu'il reçoive, qu'il rende.*

Elle finit par *a* au passé défini de la 1re conjugaison et au futur des quatre conjugaisons ; ex. : *il chanta, il chantera, il finira, il recevra, il rendra.*

Elle finit par *d* au présent de l'indicatif des verbes en *dre* qui ne sont terminés ni par *indre* ni par *soudre* ; ex. : *il perd, elle répond.*

Elle finit par *c* dans *il vainc, il convainc.*

---

* Voir le n° 147. — ** Excepté : *que je sois.* —*** Excepté : *qu'il ait, qu'il soit.*

***143.** — La 1re personne du pluriel finit par s. Ex. : *nous chantons, nous finissons, nous recevons, nous rendons, n. chantâmes, n. finîmes, n. reçûmes, n. rendîmes.*

***144.** — La 2e personne du pluriel finit par z. Ex. : *vous chantez, vous finissez, vous recevez, vous rendez.*
Cependant, quand la dernière syllabe est muette, la 2e personne finit par s : *vous dites, vous reçûtes,* etc.

***145.** — La 5e personne du pluriel finit par NT. Ex. : *ils chantent, ils finissent, ils reçoivent, ils rendent, ils chanteront, ils finiront, ils recevront, ils rendront.*

EXERCICE sur les n°s 141, 143, 144, 145. (*L'élève finira le mot.*)

Tu pense.. Ils penso... Vous venez... Vous vînte... Nous partiron... Elles partiron... Ils fire... Elles fire... Tu trouvo.. Ils trouve.. Tu reviendrai... Ils reviendrai... Nous apportâme.. Elles apportère... Nous chanteron... Ils chanteron... Tu parlai... Ils parlai.. Les enfants parlai... Nous désiron... que tu vienne... Ils désireront... qu'elles vienne... Nous feron... en sorte que tu parle... Ils feron... en sorte qu'elles parle...

EXERCICE sur les n°s 140 à 145.

Je puni..., tu puni..., il puni... Nous avertirons..., ils avertiron... Je disai..., tu disai..., il disait..., ils disai..., elles disai... Que je porte..., que tu porte..., qu'il porte.., qu'elles porte... Que je chantasse..., que tu chantasse..., qu'ils chantasse... Il trouva.., qu'il trouvâ... Elle dansa.., qu'elle dansâ... Que je tienne.., que tu tienne.., qu'elle tienna..., qu'elles tienne... Je perdrai..., tu perdrai..., ils perdrai... Tu gagna..., qu'il gagnâ... Il prédi..., qu'il prédî... Tu es... content qu'il soi... venu. Il es... content qu'ils soi... venus.

***146.** — Au *futur* et au *conditionnel*, on ne met un E avant *rai, rais,* etc., que dans les verbes de la première conjugaison. * Il faut donc écrire sans E : *il vendra, tu répondrais,* parce que *vendre* et *répondre* ne sont pas de la première conjugaison.

EXERCICE. — Je chant..rai, tu cour..ras, il dev..ra, nous vend..rons, vous cri..rez, ils tiend..ront, je pri..rais, tu apercev..rais, il viend..rait, ils mett..raient, je jou..rai, tu voud..rais, il pli..rait, nous suiv..rons, vous étudi..rez, ils conclu..ront, nous remerci..rons, je confi..rai (*un secret*), le confi..rai (*des fruits.*)

***147.** — La seconde personne du singulier de l'impératif *des verbes de la première conjugaison* ne prend une s que lorsqu'elle est suivie de *y* ou du pronom *en.* On doit donc écrire sans S : TRAVAILLE à *tes devoirs,* DONNE-*moi du papier,* et avec une S : TRAVAILLES-*y,* DONNES-*en.*

EXERCICE. — Apporte.. des plumes, apportes..-en. Reste.. chez toi, reste..-y. Agi.. promptement. Reçoi.. ce cadeau. Rend.. les armes. Cherche.. des amis, cherche..-en. Envoi.. une lettre, envoi..-y quelqu'un. Saisi.. l'occasion. Voi.. tes parents. Fai.. l'aumône. Etudie.. ta leçon, étudie..-en une page. Va... voir ta mère, va..-y.

---

* Ainsi que dans *cueillir, recueillir, accueillir, être* et *faire.*

Du sujet du Verbe.

148. — On appelle *sujet* d'un verbe le mot qui *est* ou qui *fait* la chose exprimée par ce verbe.

149. — Pour trouver le *sujet*, on met *qu'est-ce qui?* avant le verbe. La réponse indique le *sujet*. Ex. : *Paul* EST *sage*. — *Qu'est-ce qui* EST *sage?* Réponse : Paul; voilà le sujet du verbe EST. — *Les oiseaux* CHANTENT. *Qu'est-ce qui* CHANTE? Rép. : *les oiseaux;* voilà le sujet de *chantent*.

150. — 1re REMARQUE. — Tout verbe à un mode *personnel* (nº 106) doit avoir un sujet *exprimé* ou *sous-entendu*.

2e REMARQUE. — Le sujet d'un verbe est ordinairement un *nom* ou un *pronom*. Ex. : ÉMILE *travaille*, IL *joue* ensuite. *Émile*, sujet de *travaille; il*, sujet de *joue*.

3e REMARQUE. — Le sujet se met ordinairement avant le verbe. — Ex. : *le* CHAT *mange* la souris. Cependant il est quelquefois après; ex.: *écrit*-IL? — que *veulent* VOS AMIS? (199).

Règles d'accord du Verbe avec son sujet.

151. — 1re RÈGLE. — Le verbe se met *au même nombre et à la même personne* que son sujet.

Ex. : *tu parles; parles* est à la seconde personne du singulier et finit par S, parce que le sujet *tu* est de la seconde personne du singulier. *Ils parle*NT; *parlent* est à la troisième personne du pluriel et finit par *nt*, parce que le sujet *ils* est de la troisième personne du pluriel.

152. — 2e RÈGLE. — Quand il y a *plusieurs sujets singuliers*, on met le verbe au pluriel.

Ex. : *mon* FRÈRE *et ma* SŒUR *lisent*.

153. — 3e RÈGLE. — Si les sujets *sont de différentes personnes*, on met le verbe à la personne qui est la première en rang. Ex. : VOUS *et* MOI FERONS *ce travail*.

154. — OBSERVATION. — La politesse veut qu'on nomme d'abord la personne à qui l'on parle, et qu'on se nomme le dernier. C'est pour cela qu'on ne dit pas : MOI, VOUS *et* LUI *parlerons;* mais bien : VOUS, LUI *et* MOI *parlerons de nos affaires*.

155. — REMARQUE. — Le verbe s'accorde *toujours* avec son sujet, même lorsque ce sujet vient après :

Ex : *Voici ce que lui* ENVOIENT *ses* PARENTS.
Le gâteau que MANGENT *ces* ENFANTS *est excellent*.

N° 147. — (*Les verbes sont en italique, l'élève soulignera les* SUJETS.)
Dieu est juste. *Émile écrit* bien. *Charles s'instruit. Louis travaille.*
Le chien *aboie.* Le serpent *siffle.* Les oiseaux *chantent.* Les étoiles
paraissent petites. Le carême *dure* quarante jours. Cet enfant *a*
un beau livre. Cette jeune fille *aura* des prix : elle *a été* sage.

Vous *faites* l'aumône. Ils *sont* obéissants. Ils *chantaient* agréablement. Elles *marchent* vite. Elles ne *jouent* jamais. Tu *as*
dormi. Tu *aurais voyagé.* Je *sortirais.* J'ai *parlé.* Il *est venu.*
Nous *sommes arrivés.* On *veut* que tu *partes.* Il *doutait* que vous
eussiez écrit. Il fallait qu'il *sortît.* Heureux celui qui *craint* le
Seigneur ! *Écoutez ! Marchons !*

L'or et l'argent ne *donnent* pas le bonheur. Le ciel et la terre
passeront. Le riche et le pauvre *sont* égaux devant Dieu. J'*espère*
que vous et lui *viendrez* me voir. Elle, mon frère et moi *irons*
nous *promener.*

N° 148.—Les jeunes chats courent, sautent, jouent et donnent
quelquefois des coups de griffes. Travaillez pendant que le paresseux dort : vous aurez du blé à vendre et à garder.

N° 149 — La terre est ronde. Elle a neuf mille lieues de cir-
conférence.—Aimer Dieu est pour nous un devoir agréable.

N° 150. — Sortez-vous ? Viennent-ils ? Travaillent-elles ? Que
demandent vos parents ? Que veulent vos sœurs ? Que signifient
ces paroles ? L'histoire que racontaient vos amis me plaît beaucoup.

N° 151. — (*L'élève mettra les lettres qui manquent.*)
Je fini.., il fini., Tu arrive.., il arrive.. Nous demanderon..,
ils demanderon.. Il cherche..,elles cherche.. Il trouve..,elles trouve..,
Cet enfant aime.. son frère ; ces enfants aime.. leurs frères. Nous
partiron.. demain ; ils partiron.. samedi. Vous tiendrez.. votre parole ; elles tiendrai.. leurs promesses. Tu finissai.. ton devoir, elles
finissai.. leur travail. Dieu sai... ce que tu pense.., il enten.. ce
que tu di.., il voi.. ce que tu fai..—Les vertus élève.. l'homme, les
vices le dégrade.. Les animaux sauvages habite.. dans les bois,
respire.. le bon air et devienne.. forts, nerveux et agiles.

N° 152. — Adam et Ève désobéire.. au Seigneur. Caïn et Abel
étai... frères. Le plaisir et la peine passe... comme l'ombre. Le
mépris et la haine des méchants honore... l'homme de bien. L'un
et l'autre mérite... des éloges. Manger et boire avec excès détruise..
la santé. Charlemagne, Louis XIV et Napoléon gagnère... la plupart des batailles qu'ils livrère...

N° 153.—(*L'élève choisira l'expression convenable.*)
Vous et moi *n'avons n'avez* pas la même opinion. Vous et lui
parliez parlaient autrement. Votre père et moi *pensaient pen-*
sions que l'on était content de vous. Ni vous ni lui ne *viendrez*
viendront à la promenade.

N° 155 — Cette dame *demandai..*-elle à parler ? Ces dames
demandai..-elles à parler ? Les fruits que *cueille..* votre frère ne
semble.. pas mûrs. La fable que *copiai...* les élèves *étai..* très-jolie.
Le bonheur que *donne..* le badinage et le jeu ne *dure..* pas, mais
le bonheur que *procure...* les études s'augmente.. chaque jour.
Reniez votre Dieu, *disai...* les tyrans aux premiers chrétiens.—Jamais ! *répondai...* ceux-ci, et ils *mourai...* Contre de tels hommes,
que *pouvai...* la fureur des païens et le fer des bourreaux ?

Des Compléments.

156. — On appelle *complément* un mot qui complète la signification d'un autre mot. — Quand on dit : *cet enfant apprend*, le sens n'est pas complet ; mais si on dit : *cet enfant apprend sa* LEÇON, ce mot LEÇON complète la phrase, c'est le complément de *apprend*.

157. — Il y a deux sortes de compléments : le complément *direct* et le complément *indirect*.

1° DU COMPLÉMENT *direct*.

158. — Le complément *direct* est le mot qui complète la signification du verbe *sans le secours d'une préposition*.

159. — Pour trouver le complément direct, on met *quoi?* après le verbe ; ex. : *je* CULTIVE *mon jardin.* Je CULTIVE quoi ? Réponse : *mon* JARDIN ; JARDIN est le complément direct de *cultive*.

160. — REMARQUE. — Le complément *direct* se place ordinairement *après* le verbe : ex. : *j'aime* mon PÈRE ; *j'écris* une LETTRE.

Mais si ce complément est un pronom, il se met presque toujours *avant* le verbe ; *je* VOUS *aime, je* LES *estime*.

2° DU COMPLÉMENT *indirect*.

161. — Le complément *indirect* d'un verbe est le mot qui complète la signification de ce verbe *au moyen d'une préposition*, comme *à, de, par, avec, dans, pour,* etc.

162. — Le complément *indirect* est donc indiqué par l'un de ces mots *à, de, par,* etc. Pour le trouver, on met A *quoi?* DE *quoi?* PAR *quoi?* etc., après le verbe. Ex. : *Je* CONSENS *à partir.* — *Je* CONSENS à quoi? *à partir,* complément indirect de CONSENS. — *On s'empara de* MOI ; *de moi,* complément indirect de s'empara.

163. — 1re REMARQUE. — Si on dit : *j'aime* A *lire, je vous demande* DE *sortir, il a* DU *courage,* les mots *lire, sortir* et *courage,* quoique précédés des prépositions *à* et *de* ne sont pas compléments *indirects,* parce qu'ils répondent à la question *quoi?* mise après les verbes *aimer, demander* et *avoir*.

Dans ce cas, on dit que *a* est employé *par euphonie* et *de, par euphonie* ou *dans un sens partitif*.

164 — 2° REMARQUE. — Les pronoms *le, la, les, que,* sont toujours compléments *directs ;* et *lui, leur, dont, en, y,* sont toujours compléments *indirects*.

165. — 3e REMARQUE. — *Me, te, se, nous, vous,* sont compléments *directs* quand ils sont mis pour *moi, toi, lui, nous, vous*. Ils sont compléments *indirects* s'ils sont mis pour *à moi, à toi, à lui, à nous, à vous*.

166. — 4e REMARQUE. — Il n'y a que les *verbes* et les *participes* qui puissent avoir un complément *direct ;* mais les *noms,* les *adjectifs,* les *pronoms,* les *verbes* et les *participes* peuvent avoir des compléments *indirects*.

N° 156. — EXPLICATION. — Si on dit : *cel homme apporte*, le sens n'est pas fini ; mais si on dit : *cet homme apporte* UNE LETTRE, ce mot LETTRE complète la phrase. c'est le complément de *apporte*.

J'écris A MON PÈRE (*à mon père* complément de *j'écris*).

Nous parlons DE NOS AMIS (*de nos amis* complém. de *parlons.*)

Les disciples DE JÉSUS *prêchèrent* L'ÉVANGILE, (*de Jésus* complément de *disciples* ; *Evangile* complément de *prêchèrent*).

DU COMPLÉMENT *direct.*

N° 159. — (*Les verbes sont en italique — L'élève soulignera le compl. direct.*)

J'écris une lettre. Tu *fais* les devoirs. Dieu *hait* les méchants. Elle *fuit* le mal. Nous *aimons* nos parents. Vous *aurez* un prix. Ils *ont reçu* un paquet. Elle *a eu* dix francs. Elles *ont acheté* une robe. La loi *punit* les coupables. Elle *protège* les faibles. Dieu *n'abandonnera* point l'homme juste, et ses enfants ne *mendieront* pas leur pain.

N° 160. — Le riche *soulage* le pauvre. Le Seigneur *récompense* les justes. On *dit* que Pékin est la plus grande ville du monde. La leçon que j'*apprends* est facile. Les plumes que j'avais perdues sont *retrouvées*. On m'*a engagé* à mieux étudier. On nous *a vus* sortir. Je vous *préviens*. Tu nous *cherchais*. Elle les *trouva*.

(*Si le verbe est à* l'impératif, *le pronom complément est après.*)

Ex : Repose-toi, attends-le, prête-la-lui, donne-les-moi.

DU COMPLÉMENT *indirect.*

N° 162. — (*L'élève soulignera les compléments* indirects.)

L'oisiveté ressemble *à la* rouille. Il rend service *à tout* le monde. Nous parlions *de vos* projets. Cela dépend *de vous*. Des arbres ont été renversés *par le* vent. Ce palais a été construit *par un* habile architecte. J'ai dîné *avec votre* ami. On les jeta *dans la* prison. Ils viennent ici *pour* se promener.

Nous irons *en* voiture. Vous viendrez *chez* moi. Posez le verre *sur la* table. Mettez ce tapis *sous* vos pieds. Elle vient *vers* nous. Il marchait *entre* deux soldats. On le vit *parmi* les ennemis. Nous sortirons *après* le souper. J'ai couru *pendant* une heure. Elle est partie *malgré* moi. J'irai *sans* vous. Ils travaillent *depuis* huit jours. Nous luttons *contre* le vent. On doit parler *selon* sa pensée.

N° 163. — Jules commence *à* écrire. Il craint *de* partir. Il a *de* belles images. Elle aura *des* gants blancs. On dit que vous aimez *à* jouer. Je cherche *à* me corriger *de* mes défauts. Nous nous proposons *de* vivre désormais *dans* la retraite. Nous voulons acquérir *de* la science. Les premiers chrétiens souffrirent *des* supplices affreux.

N° 164. — Je *le* vois, nous *la* reconnûmes, vous *les* prîtes. Les calculs *que* nous ferons sont difficile. — Tu *lui* rendis son canif. Elle *leur* confia un secret *dont* on n'a rien su. Donnez m'*en*. J'*y* pense.

N° 165. — Tu *me* quittes, je *te* laisse, il *se* promène, nous *nous* trompons, vous *vous* corrigerez, elles *se* trompent.

Tu *me* parles, je *te* pardonne, il *se* propose, nous *nous* écrirons, vous *vous* répondrez. Elles *se* promettent de partir.

N° 166. — Jules *appelle* sa sœur. Un enfant *aimant* le travail. Le livre *de* mon frère est retrouvé. Ce général fut *utile à son* pays. Votre habit est gris : *celui* de ma sœur est noir. *Rendez* service *à* vos amis, vous serez *estimé* de tous les honnêtes gens.

Des différentes sortes de Verbes.

167. — Il y a *quatre* sortes de verbes : les verbes *transitifs*, les verbes *intransitifs*, les verbes *pronominaux* et les verbes *unipersonnels*.

168. — Le verbe *transitif* est celui *qui a un complément direct*, c'est-à-dire après lequel on peut mettre *quelqu'un* ou *quelque chose*. Ainsi, *aimer* et *donner* sont des verbes *transitifs*, car on peut dire : *j'aime* QUELQU'UN, *je donne* QUELQUE CHOSE.

169. — Le verbe *intransitif* est celui *qui n'a pas de complément direct*, c'est-à-dire après lequel on ne peut pas mettre *quelqu'un* ou *quelque chose*. Ainsi *partir* et *dormir* sont des verbes *intransitifs*, car on ne peut pas dire : *je pars* QUELQU'UN, *je dors* QUELQUE CHOSE.

170. — REMARQUE. — Le même verbe peut être *transitif* ou *intransitif*, selon qu'il a ou n'a pas de complément *direct*. Par exemple, si on dit simplement : *je lis j'étudie*, les verbes *lire* et *étudier* sont *intransitifs*. Mais si on dit : *je lis* MA LEÇON, *j'étudie* LA GRAMMAIRE, les verbes *lire* et *étudier* sont *transitifs* parce qu'alors ils ont chacun un complément *direct*.

171. — Le verbe *pronominal* est celui qui se conjugue *avec deux pronoms de la même personne*, comme *je me, tu te, il se, nous nous, vous vous, ils se*. Ex. : *se repentir ; je me repens, tu te repens, il se repent*, etc.

— A l'infinitif, les verbes pronominaux commencent par SE.

172. — Il y a *deux* sortes de verbes pronominaux : les verbes pronominaux *accidentels*, et les pronominaux *essentiels*.

173. — Les verbes pronominaux *accidentels* sont ceux qui se conjuguent quelquefois avec un seul pronom comme *se promener*, *se blesser*.

174 — Les pronominaux *essentiels* sont ceux qui se conjuguent toujours avec deux pronoms comme *se repentir, s'en aller*.[**]

Dans les verbes pronominaux essentiels, le second pronom est considéré comme complément direct. (N° 219.)

175. — Le verbe *unipersonnel* est celui qui ne se conjugue, dans tous ses temps, qu'à la troisième personne du singulier. Ex. : *tonner ; il tonne, il tonnait*, etc.

176. — Il y a des verbes unipersonnels *accidentels*, et des *essentiels*. Quand on dit : IL FAIT *beau temps*, le verbe *faire* est unipersonnel *accidentel*, parce qu'on dit bien : *je fais, tu fais*, etc.

---

* Selon le cas, un verbe peut même être *transitif, intransitif, pronominal* et *unipersonnel ;* tel est le verbe *servir.*

** Pour l'orthographe des participes, on considère comme pronominaux *essentiels* tous les verbes qui, sous cette forme, ont un sens particulier différent de celui qu'ils ont sous la forme ordinaire. Ex. : *S'apercevoir* d'une chose ; *s'attendre* à partir ; *se défier* d'un trompeur ; *se douter* de quelque chose ; *s'échapper* de prison, etc. (N° 219.)

N° 168. — Verbes TRANSITIFS : *Chanter*, *finir*, *recevoir*, *rendre*, *demander*, — *punir*, *voir*, *défendre*.

N° 169. — Verbes intransitifs : *Aller*, *arriver*, *tomber*, *marcher* — *venir*, *vieillir*, *mourir*, *obéir*, *mentir* — *naître*.

N°ˢ 168 et 169. — (*L'élève mettra* TR *sur les verbes transitifs et* INTR *sur les verbes intransitifs.*)

Vous *aimez* la modestie. Nous *avons assisté* à la fête. Nous *détestons* l'orgueil. Le temps *fuit* et l'homme *dort*. Dieu *exauce* nos prières. Le soleil *fond* la glace. Nous *naissons* pour *mourir*. Cet enfant ne *ment* jamais. Il *est tombé* en jouant. Nous *admirons* les œuvres du créateur. Il *obéit* à ses parents. Je vous *prie* de me *rendre* un service. Les arbres *fleurissent* au printemps.

Je te remercie des avis que tu me donnes. Je te pardonne. On lui parlera. Je pense qu'il pleuvra bientôt. Elle vient de sortir. Confions-nous au Seigneur : il nous éprouvera peut-être, mais il ne nous abandonnera point, et nous ne serons pas toujours malheureux. Si vous voulez être riche, n'apprenez pas seulement comment on gagne, sachez aussi comment on ménage. Noé a vécu neuf cents ans. Cette cheminée a fumé toute la journée.

N° 170. — *Approchez* la table. La nuit *approche*. — *Baissez* la tête. La rivière *baisse*. On m'*a causé* du chagrin. Je *causerai* tantôt. — *Cessez* ce travail. La pluie *a cessé*. — N. S. *changea* l'eau en vin. *Changez* de vêtements. J'*ai manqué* l'occasion. Il *a manqué* à son devoir. — Vous *courez* un grand danger. Il *court* de toutes ses forces. — *Fuyez* le mal. Les ennemis *fuient*. — *Sortez* le cheval de l'écurie. — Nous *sortirons* demain. — Je *sers* Dieu. Le cuir *sert* à faire des souliers.

N° 173. — Verbes PRONOMINAUX *accidentels* : Se promener, se présenter, se proposer, se demander, s'affliger, s'habituer, s'empêcher, se divertir, s'asseoir, se taire, etc., etc.

N° 74. — Verbes PRONOMINAUX *essentiels* : S'emparer, s'envoler, s'absenter, s'évader, se réfugier, s'élancer, s'embusquer, s'écouler, se soucier, se moquer, s'écrier, se méfier, s'efforcer, s'évertuer, s'extasier, s'ingérer, s'accouder, s'agenouiller, s'étoiler, s'en aller, s'en retourner, — se repentir, s'abstenir, s'enquérir, se souvenir, s'évanouir, s'enfuir, se blottir, — se méprendre, etc.

N° 171. — (*L'élève soulignera les verbes pronominaux.*)

Elle s'est attiré notre estime. Nous nous sommes repentis de nos fautes. Vous vous êtes corrigés de vos défauts. Ils se sont ennuyés. Elles se sont efforcées de travailler. Les plaideurs se sont écriés qu'on leur fait une injustice. Ces dames se sont parlé longtemps. Elle se sont méfiées de cet inconnu. Vous vous êtes absentés deux fois. Ces huit jours se sont écoulés promptement. Nous nous sommes agenouillés. Si je m'endors dans la paresse, je m'éveillerai dans l'indigence.

NOTA. — Plus tard, l'élève distinguera les deux sortes de verbes pronominaux.

N° 175. — (*L'élève soulignera les verbes* unipersonnels.)

Il tonnait hier. Il pleuvra demain. Il neigeait l'hiver dernier. Il faut que vous étudiiez bien. Il y a quatre sortes de verbes. En été, il éclaire souvent le soir. Il s'agit de s'entendre.

N° 176. — Il est arrivé un courrier. Il est arrivé tard à l'école. Il me semble que vous avez raison. Il semble avoir bien froid.

Manière de conjuguer les Verbes *transitifs*.

N° 177.—Tous les verbes *transitifs* prennent l'auxiliaire *avoir* dans leurs temps composés et se conjuguent entièrement sur les modèles donnés pages 34 et 44. — Ainsi *étudier* se conjugue sur *chanter* ; *avertir*, sur *finir*, etc.

Conjugaison des Verbes *intransitifs*.

178. — La plupart des verbes *intransitifs* se conjuguent avec *avoir* ; les autres prennent l'auxiliaire *être*.

179. — Les verbes *intransitifs* qui prennent *avoir* aux temps composés se conjuguent entièrement sur les modèles donnés pages 34 et 44. Ainsi *marcher* et *briller* se conjuguent sur *chanter* ; *languir* et *obéir*, sur *finir*, etc.

*180. —Les verbes *intransitifs* qui prennent l'auxiliaire *être* se conjuguent dans les temps *simples* sur l'un des quatre modèles, et dans les temps *composés* comme le verbe *tomber*.

Verbe intransitif *tomber*.

1er Mode.—INDICATIF.

PRÉSENT.

Je tombe
Tu tombes
Elle tombe
Nous tombons
Vous tombez
Elles tombent

IMPARFAIT.

Je tombais
Tu tombais
Elle tombait
Nous tombions
Vous tombiez
Elles tombaient

PASSÉ DÉFINI.

Je tombai
Tu tombas
Elle tomba
Nous tombâmes
Vous tombâtes
Elles tombèrent

PASSÉ INDÉFINI.

Je suis *tombé*
Tu es *tombé*
Elle est *tombée*
Nous sommes *tombés*
Vous êtes *tombés*
Elles sont *tombées*

PASSÉ ANTÉRIEUR.

Ju fus *tombé*
Tu fus *tombé*
Elle fut *tombée*
Nous fûmes *tombés*
Vous fûtes *tombés*
Elles furent *tombées*

PLUS-QUE-PARFAIT.

J'étais *tombé*.
Tu étais *tombé*
Elle était *tombée*
Nous étions *tombés*
Vous étiez *tombés*
Elles étaient *tombées*

FUTUR.

Je tomberai
Tu tomberas
Elle tombera
Nous tomberons
Vous tomberez
Elles tomberont

FUTUR ANTÉRIEUR.

Je serai *tombé*
Tu seras *tombé*
Elle sera *tombée*
Nous serons *tombés*
Vous serez *tombés*
Elles seront *tombées*

2e MODE.—**CONDITIONNEL**.
'PRÉSENT.

Je tomberais
Tu tomberais
Elle tomberait
Nous tomberions
Vous tomberiez
Elles tomberaient

PASSÉ.

Je serais *tombé*
Tu serais *tombé*
Elle serait *tombée*
Nous serions *tombés*
Vous seriez *tombés*
Elles seraient *tombées*

SECOND PASSÉ.

Je fusse *tombé*
Tu fusses *tombé*
Elle fût *tombée*
Nous fussions *tombés*
Vous fussiez *tombés*
Elles fussent *tombées*

3e MODE.—**IMPÉRATIF**.
'PRÉSENT.

Tombe
Tombons
Tombez

4e MODE.—**SUBJONCTIF**.
'PRÉSENT.

Que je tombe
Que tu tombes
Qu'elle tombe
Que nous tombions
Que vous tombiez
Qu'elles tombent

'IMPARFAIT.

Que je tombasse
Que tu tombasses
Qu'elle tombât
Que nous tombassions
Que vous tombassiez
Qu'elles tombassent.

PASSÉ.

Que je sois *tombé*
Que tu sois *tombé*
Qu'elle soit *tombée*
Que nous soyons *tombés*
Que vous soyez *tombés*
Qu'elles soient *tombées*

PLUS-QUE-PARFAIT.

Que je fusse *tombé*
Que tu fusses *tombé*
Qu'elle fût *tombée*
Que nous fussions *tombés*
Que vous fussiez *tombés*
Qu'elles fussent *tombées*

5e MODE.—**INFINITIF**.
'PRÉSENT.

Tomber

PASSÉ.

Être *tombé* ou *tombée*

'PARTICIPE PRÉSENT.

Tombant

'PARTICIPE PASSÉ.

Tombé, tombée;
Étant *tombé* ou *tombée*.

181. — REMARQUE. — Dans les verbes intransitifs qui se conjuguent avec *être*, le participe passé (*tombé*) s'accorde en genre et en nombre avec le *sujet* du verbe. Ainsi, un homme dit : *je suis* TOMBÉ, et une femme doit dire : *je suis* TOMBÉE.

Verbes intransitifs à conjuguer avec *être* : *retomber, arriver, décéder, demeurer, entrer, rentrer, rester, monter, remonter, passer, repasser,—descendre, redescendre.*

Verbes *irréguliers* que l'élève conjuguera plus tard : *aller, mourir, partir, sortir, venir, devenir, parvenir, revenir, naître, renaître, etc.*

Conjugaison des Verbes *pronominaux*.

Au n° 471, nous avons vu que :

182. — On appelle verbes *pronominaux* ceux qui se conjuguent *avec deux pronoms* de la même personne, comme *je me, tu te, il se, nous nous, vous vous, ils se.*

Le premier de ces pronoms est *sujet*, le second est *complément* (direct *ou* indirect).

183. — Les verbes pronominaux prennent *tous* l'auxiliaire *être*. Ils se conjuguent dans les temps *simples* sur l'un des quatre modèles (pages 34 à 44), et dans les temps *composés* comme le verbe *se promener.*

184. — REMARQUE. — Dans les verbes pronominaux, le verbe *être* est mis pour *avoir*. Ainsi, l'expression *nous* nous SOMMES *promenés* veut dire : *nous* AVONS *promené* nous.

Verbe pronominal *se promener.*

1er MODE. — **INDICATIF.**

***PRÉSENT.**

Je me promène
Tu te promènes
Elle se promène
Nous nous promenons
Vous vous promenez
Elles se promènent

***IMPARFAIT.**

Je me promenais
Tu te promenais
Elle se promenait
Nous nous promenions
Vous vous promeniez
Elles se promenaient

***PASSÉ DÉFINI.**

Je me promenai
Tu te promenas
Elle se promena
Nous nous promenâmes
Vous vous promenâtes
Elles se promenèrent

PASSÉ INDÉFINI.

Je me suis *promené*
Tu t'es *promené*
Elle s'est *promenée*
Nous nous sommes *promenés*
Vous vous êtes *promenés*
Elles se sont *promenées*

PASSÉ ANTÉRIEUR.

Je me fus *promené*
Tu te fus *promené*
Elle se fut *promenée*
Nous nous fûmes *promenés*
Vous vous fûtes *promenés*
Elles se furent *promenées*

PLUS-QUE-PARFAIT.

Je m'étais *promené*
Tu t'étais *promené*
Elle s'était *promenée*
Nous nous étions *promenés*
Vous vous étiez *promenés*
Elles s'étaient *promenées*

***FUTUR.**

Je me promènerai
Tu te promèneras
Elle se promènera
Nous nous promènerons
Vous vous promènerez
Elles se promèneront.

FUTUR ANTÉRIEUR.

Je me serai *promené*
Tu te seras *promené*
Elle se sera *promenée*
Nous nous serons *promenés*
Vous vous serez *promenés*
Elles se seront *promenées*

2e Mode.—CONDITIONNEL.

PRÉSENT.

Je me promènerais
Tu te promènerais
Elle se promènerait
Nous nous promènerions
Vous vous promèneriez
Elles se promèneraient

PASSÉ.

Je me serais *promené*
Tu te serais *promené*
Elle se serait *promenée*
Nous nous serions *promenés*
Vous vous seriez *promenés*
Elles se seraient *promenées*

SECOND PASSÉ.

Je me fusse *promené*
Tu te fusses *promené*
Elle se fût *promenée*
Nous nous fussions *promenés*
Vous vous fussiez *promenés*
Elles se fussent *promenées*

3e Mode.—IMPÉRATIF.

PRÉSENT.

Promène-toi
Promenons-nous
Promenez-vous

4e Mode. — SUBJONCTIF.

PRÉSENT.

Que je me promène
Que tu te promènes
Qu'elle se promène
Que nous nous premenions.
Que vous vous promeniez
Qu'elles se promènent

IMPARFAIT.

Que je me promenasse
Que tu te promenasses
Qu'elle se promenât
Que nous nous promenassions
Que vous vous promenassiez
Qu'elles se promenassent

PASSÉ.

Que je me sois *promené*
Que tu te sois *promené*
Qu'elle se soit *promenée*
Que nous n. soyons *promenés*
Que vous vous soyez *promenés*
Qu'elles se soient *promenées*

PLUS-QUE-PARFAIT.

Que je me fusse *promené*
Que tu te fusses *promené*
Qu'elle se fût *promenée*
Que nous n. fussions *promenés*
Que vous vous fussiez *promenés*
Qu'elles se fussent *promenées*

5e Mode. —INFINITIF.

PRÉSENT.

Se promener

PASSÉ

S'être *promené* ou *promenée*

PARTICIPE PRÉSENT.

Se promenant

PARTICIPE PASSÉ.

Promené, promenée ;
S'étant *promené* ou *promenée*.

Verbes à conjuguer : *se douter, se défier, se moquer, se réfugier, s'envoler, s'absenter, s'emparer, s'évader, s'agenouiller, s'évertuer, s'élancer, s'efforcer, s'écrier, s'échapper, s'extasier, s'endetter, s'inquiéter, s'ennuyer,* S'EN RE-TOURNER, *— se réjouir, s'enrichir, s'évanouir, se dessaisir, s'enorgueillir, — s'apercevoir, — s'attendre.*

Verbes *irréguliers : s'en aller, — s'enfuir, se repentir, s'abstenir, se souvenir, s'enquérir, — s'asseoir, se pourvoir, — se plaindre, se méprendre.*

N° 185. — REMARQUE.—Dans les temps *composés,* le participe passé des verbes *pronominaux intransitifs* est invariable. Ex. *elle s'est ri de quelqu'un. — (N° 219.)*

Verbes *pronominaux intransitifs : se parler, se ressembler, se succéder, se convenir, se plaire, se déplaire, se complaire, se nuire, etc.*

Conjugaison des Verbes *unipersonnels.*

Au n° 175, nous avons vu que :

186. — On appelle verbes *unipersonnels* ceux qui ne se conjuguent, dans tous leurs temps, qu'à la troisième personne du singulier, comme *neiger*, *tonner*, etc.

Verbe unipersonnel *neiger.*

1er Mode.—INDICATIF.

*** PRÉSENT.**

Il neige

*** IMPARFAIT.**

Il neigeait

*** PASSÉ DÉFINI.**

Il neigea

PASSÉ INDÉFINI.

Il a neigé

PASSÉ ANTÉRIEUR.

Il eut *neigé*

PLUS-QUE-PARFAIT.

Il avait *neigé*

*** FUTUR.**

Il neigera

FUTUR ANTÉRIEUR.

Il aura *neigé*

2e Mode.—CONDITIONNEL.

*** PRÉSENT.**

Il neigerait

PASSÉ.

Il aurait *neigé*

SECOND PASSÉ.

Il eût *neigé*

4e Mode.—SUBJONCTIF.

*** PRÉSENT.**

Qu'il neige

*** IMPARFAIT.**

Qu'il neigeât

PASSÉ.

Qu'il ait *neigé*

PLUS-QUE-PARFAIT.

Qu'il eût *neigé*

5e Mode.—INFINITIF.

*** PRÉSENT.**

Neiger

PASSÉ.

Avoir *neigé*

*** PARTICIPE PRÉSENT.**

Neigeant

*** PARTICIPE PASSÉ.**

Neigé, ayant *neigé*.

Conjuguez de même : *il tonne, il vente, il grêle, il bruine, il éclaire, il importe, il semble* ; puis les verbes *irréguliers : il pleut, il faut, il paraît, il s'ensuit, il y a, il s'agit,* etc.

187. — 1re REMARQUE. — Il y a quelques verbes *unipersonnels* qui prennent *être* aux temps composés. Ils peuvent se conjuguer, dans ces temps, sur le verbe *tomber*, page 52.

Conjuguez avec *être : il résulte, il convient* (irrégulier), *il survient* (irrég.).

188. — 2e REMARQUE. — Le mot *il* n'indique un verbe unipersonnel que quand on ne peut pas mettre un *nom* à la place. En parlant d'un enfant, si on dit : IL *joue*, le verbe *jouer* n'est pas *unipersonnel*, car à la place du mot *il* on peut mettre l'*enfant*, et dire : L'ENFANT *joue*.

Temps primitifs.—Temps dérivés.

189.—Les temps d'un verbe se divisent en temps *primitifs* et en temps *dérivés*.

190.—Il y a cinq temps primitifs : le *présent de l'infinitif*, le *participe présent*, le *participe passé*, le *présent de l'indicatif* et le *passé défini*.

191.— Ces temps sont appelés *primitifs* parce qu'ils servent à former tous les autres, qu'on appelle *dérivés*.

Règles de la formation des Temps.

192.—De l'INFINITIF on forme deux temps :

1° Le *futur*, en changeant *r*, *oir*, ou *re* en *rai* :
> Chante R,   fini R,   recev OIR,   rend RE ;
> *Je chante* RAI, *je fini* RAI, *je recev* RAI, *je rend* RAI.

2° Le *présent du conditionnel* en changeant *r*, *oir*, ou *re* en *rais*:
> Chante R,   fini R,   recev OIR,   rend RE ;
> *Je chante* RAIS, *je fini* RAIS, *je recev* RAIS, *je rend* RAIS.

193.—Du PARTICIPE PRÉSENT on forme deux temps :

1° L'*imparfait de l'indicatif*, en changeant *ant* en *ais* :
> Chant ANT,   finiss ANT,   recev ANT,   rend ANT ;
> *Je chant* AIS, *je finiss* AIS, *je recev* AIS, *je rend* AIS.

2° Le *présent du subjonctif*, en changeant *ant* en *e* :
> Chant ANT,   finiss ANT,   recev ant,   rend ANT ;
> *Que je chant* E, *que je finiss* E, *que je reçoiv* e, *que je rend* E.

194. — Du PARTICIPE PASSÉ on forme tous les temps composés au moyen des verbes *avoir* et *être* :
> *J'ai chanté, j'eus chanté ; je suis venu, il est venu.*

195.—Du PRÉSENT DE L'INDICATIF on forme l'*impératif*, en ôtant seulement le pronom *je* :
> Je *chante*, je *finis*, je *reçois*, je *rends*;
> Impér.   *Chante*,   *finis*,   *reçois*,   *rends*.

196.—Du PASSÉ DÉFINI on forme l'*imparfait du subjonctif* en changeant *ai* en *asse* pour la 1re conjugaison, et en ajoutant *se* pour les trois autres.
> *Je chant* AI,   *je finis*,   *je reçus*,   *je rendis*;
> *Que je chant* ASSE, *que je finis* SE, *que je reçus* SE, *que je rendis* SE.

Nota.—Quoique les règles précédentes aient un grand nombre d'exceptions, elles peuvent aider à conjuguer les verbes *irréguliers* dont on connaît les temps primitifs. — Les verbes marqués d'une * dans les tableaux suivants pourraient plus particulièrement se conjuguer d'après ces règles.

Mais nous pensons que, *pour des enfants*, le moyen le plus simple et le plus facile de conjuguer tous les verbes irréguliers, c'est de suivre la méthode indiquée dans les tableaux ci-après. Aussi, bien que nous placions ces *règles sur la formation des temps* en tête des tableaux, nous n'attachons pas une grande importance à ce qu'elles soient promptement sues, car nous croyons, au contraire, que l'on peut fort bien s'en passer d'abord, et ne les apprendre que par la suite et peu à peu.

Temps simples des prin

197. — On appelle verbes *irréguliers* ceux qui ne se conjuguent pas entièrement sur les modèles donnés dans la Grammaire (pages 54 à 44).

Infinitif présent.	Indicatif présent.	Imparfait.	Passé défini.	Futur.	Conditionnel présent.
					Première
Aller	Je vais (a)	J'allais	J'allai	J'irai	J'irais
Envoyer	J'envoie	J'envoyais	J'envoyai	J'enverrai	J'enverrais
					Deuxième
Acquérir	J'acquiers(c)	J'acquérais	J'acquis	J'acquerrai	J'acquerrais
Bouillir	Je bous (e)	Je bouillais	Je bouillis	J. bouillirai	Je bouillirais
Courir	Je cours	Je courais	Je courus	Je courrai	Je courrais
Cueillir	Je cueille	Je cueillais	Je cueillis	J. cueillerai	Je cueillerais
Dormir	Je dors	Je dormais	Je dormis	Je dormirai	Je dormirais
Fuir	Je fuis	Je fuyais	Je fuis	Je fuirai	Je fuirais
Mentir	Je mens	Je mentais	Je mentis	Je mentirai	Je mentirais
Mourir	Je meurs (f)	Je mourais	Je mourus	Je mourrai	Je mourrais
Offrir	J'offre	J'offrais	J'offris	J'offrirai	J'offrirais
Ouvrir	J'ouvre	J'ouvrais	J'ouvris	J'ouvrirai	J'ouvrirais
Partir	Je pars	Je partais	Je partis	Je partirai	Je partirais
Sentir	Je sens	Je sentais	Je sentis	Je sentirai	Je sentirais
Servir	Je sers	Je servais	Je servis	Je servirai	Je servirais
Sortir	Je sors	Je sortais	Je sortis	Je sortirai	Je sortirais
Souffrir	Je souffre	Je souffrais	Je souffris	J. souffrirai	Je souffrirais
Tenir	Je tiens (h)	Je tenais	Je tins (i)	Je tiendrai	Je tiendrais
Tressaillir	Je tressaille	J.tressaillais	J.tressaillis	J.tressaillirai	Je tressaillirais
Venir	Je viens (l)	Je venais	Je vins(m)	Je viendrai	Je viendrais
Vêtir	Je vêts (p)	Je vêtais	Je vêtis	Je vêtirai	Je vêtirais

(a) Tu vas, elle va, nous allons, vous allez, elles vont.
(b) Que tu ailles, qu'elle aille, q. n. allions, q. v. alliez, qu'elles aillent.
(c) Tu acquiers, il acquiert, nous acquérons, vous acquérez, ils acquièrent.
(d) Que tu acquières, qu'il acquière, q. n. acquérions, q. v. acquériez, qu'ils acquièrent,
(e) Tu bous, il bout, nous bouillons, vous bouillez, ils bouillent.
(f) Tu meurs, elle meurt, nous mourons, vous mourez, elles meurent.
(g) Que tu meures, qu'elle meure, q. n. mourions, q. v. mouriez, qu'elles meurent.
(h) Tu tiens, il tient, nous tenons, vous tenez, ils tiennent.

cipaux Verbes *irréguliers.*

Les verbes qui se conjuguent d'après les *règles de la formation des temps* sont marqués d'une '.—Les temps PRIMITIFS sont en *italique.*

Impératif.	Subjonctif présent.	Imparfait.	Participe présent.	Partic. passé.	Auxiliaire.
conjugaison.					
Va	Q. j'aille (b)	Que j'allasse	Allant	Allé	Etre
Envoie	Que j'envoie	Que j'envoyasse	Envoyant	Envoyé	Avoir
conjugaison.					
Acquiers	Q j'acquière d	Que j'acquisse	Acquérant	Acquis	Avoir
Bous	Que je bouille	Q je bouillisse	Bouillant	Bouilli	Id.
Cours	Que je coure	Q je courusse	Courant	Couru	Id.
Cueille	Que je cueille	Q je cueillisse	Cueillant	Cueilli	Id.
Dors	Que je dorme	Q je dormisse	Dormant	Dormi	Id.
Fuis	Que je fuie	Que je fuisse	Fuyant	Fui	Id.
Mens	Que je mente	Que je mentisse	Mentant	Menti	Id.
Meurs	Q je meure(g)	Que je mourusse	Mourant	Mort	Etre
Offre	Que j'offre	Que j'offrisse	Offrant	Offert	Avoir
Ouvre	Que j'ouvre	Que j'ouvrisse	Ouvrant	Ouvert	Id.
Pars	Que je parte	Que je partisse	Partant	Parti	Etre
Sens	Que je sente	Que je sentisse	Sentant	Senti	Avoir
Sers	Que je serve	Que je servisse	Servant	Servi	Id.
Sors	Que je sorte	Que je sortisse	Sortant	Sorti	Etre, avoir
Souffre	Que je souffre	Que je souffrisse	Souffrant	Souffert	Avoir
Tiens	Q je tienne (j)	Que je tinsse (k)	Tenant	Tenu	Id.
Tressaille	Q je tressaille	Q je tressaillisse	Tressaillant	Tressailli	Id
Viens	Q je vienne(n)	Que je vinsse (o)	Venant	Venu	Etre
Vêts	Que je vête	Que je vêtisse	Vêtant	Vêtu	Avoir

(i) Tu tins , il tint , nous tînmes , vous tîntes , ils tinrent.

(j) Que tu tiennes , qu'il tienne , q. n. tenions, q. v. teniez, qu'ils tiennent.

(k) Que tu tinsses , qu'il tînt , q. n. tinssions q. v. tinssiez , qu'ils tinssent.

(l) Tu viens , elle vient , nous venons , vous venez, elles viennent.

(m) Tu vins , elle vint , nous vînmes , vous vîntes , ils vinrent.

(n) Que tu viennes , qu'elle vienne , q. n. venions, q. v. veniez, qu'elles viennent.

(o) Que tu vinsses, qu'elle vînt , q. n. vinssions , q. v. vinssiez, qu'elles vinssent.

(p) Tu vêts, il vêt, nous vêtons, vous vêtez , ils vêtent.

Temps simples des prin

Infinitif présent.	Indicatif présent.	Imparfait.	Pass.déf.	Futur.	Conditionnel présent.
					Troisième
FALLOIR	Il faut	Il fallait	Il fallut	Il faudra	Il faudrait
MOUVOIR	Je meus (a)	Je mouvais	Je mus	Je mouvrai	Je mouvrais
PLEUVOIR	Il pleut	Il pleuvait	Il plut	Il pleuvra	Il pleuvrait
POURVOIR	Je pourvois	J pourvoyais	J pourvus	Je pourvoirai	Jo pourvoirais
POUVOIR	Je puis (c)	Je pouvais	Je pus	Je pourrai	Je pourrais
S'ASSEOIR	J m'assieds (d)	J m'asseyais	Je m'assis	J m'asssiérai	J m'assiérais
SAVOIR	Je sais (f)	Je savais	Je sus	Je saurai	Je saurais
VALOIR	Je vaux (h)	Je valais	Je valus	Je vaudrai	Je vaudrais
VOIR	Je vois (j)	Je voyais	Je vis	Je verrai	Je verrais
VOULOIR	Je veux (k)	Je voulais	Je voulus	Je voudrai	Je voudrais
					Quatrième
ABSOUDRE	J'absous (m)	J'absolvais	. . . .	J'absoudrai	J'absoudrais
BATTRE	Je bats	Je battais	Je battis	Je battrai	Je battrais
BOIRE	Je bois (o)	Je buvais	Je bus	Je boirai	Je boirais
CONCLURE	Je conclus	J concluais	Je conclus	J conclurai	Je conclurais
CONDUIRE	Je conduis	J conduisais	J conduisis	J conduirai	J conduirais
CONFIRE	Je confis	Je confisais	Je confis	Je confirai	Je confirais
CONNAITRE	Je connais	J connaissais	Je connus	J connaîtrai	J connaîtrais
COUDRE	Je couds (q)	Je cousais	Je cousis	Je coudrai	Je coudrais
CROIRE	Je crois (r)	Je croyais	Je crus	Je croirai	Je croirais
CROÎTRE	Je croîs (s)	J croissais	Je crûs	Je croîtrai	Je croîtrais
DIRE	Je dis (t)	Je disais	Je dis	Je dirai	Je dirais

(a) Tu meus, il meut, nous mouvons, vous mouvez, ils meuvent.
(b) Que tu meuves, qu'il meuve, q. n. mouvions, que v. mouviez, qu'ils meuvent.
(c) *Et* je peux, tu peux, il peut, nous pouvons, vous pouvez, ils peuvent.
(d) Tu t'assieds, elle s'assied, n. n. asseyons, v. v. asseyez, elles s'asseient ; *ou* je m'assois, tu t'assois, elle s'assoit, n. n. assoyons, etc.
(e) Que tu t'asseies, qu'elle s'asseie, q. n. n. asseyions, q. v. v. asseyiez, qu'elles s'asseient ; *ou* que je m'assoie, q. tu t'assoies, qu'elle s'assoie, q. n. n. assoyions, etc.
(f(Tu sais, il sait, nous savons, vous savez, ils savent.
(g) Sachons, sachez.
(h) Tu vaux, il vaux, nous valons, vous valez, ils valent.
(i) Que tu vailles, qu'il vaille, q. n. valions, q. v. valiez, qu'ils vaillent.
(j) Tu vois, il voit, nous voyons, vous voyez, ils voient.

cipaux verbes *irréguliers.*

conjugaison.

Impératif.	Subjonctif présent.	Imparfait.	Participe présent.	Partic. passé.	Auxi-liaire.
. . . . .	Qu'il faille	Qu'il fallût	. . . . .	Fallu	Avoir
Meus	Q j meuve (*b*)	Que je musse	Mouvant	Mû	Id.
. . . . .	Qu'il pleuve	Qu'il plût	Pleuvant	Plu	Id.
Pourvois	Q je pourvoie	Q je pourvusse	Pourvoyant	Pourvu	Id.
. . . . .	Que je puisse	Que je pusse	Pouvant	Pu	Id.
Assieds-toi	Q j m'asseie (*c*)	Que je m'assisse	S'asseyant	Assis	Être
Sache (*g*)	Que je sache	Que je susse	Sachant	Su	Avoir
. . . . .	Q je vaille (*i*)	Que je valusse	Valant	Valu	Id.
Vois	Que je voie	Que je visse	Voyant	Vu	Id.
Veux	Q j veuille (*l*)	Que je voulusse	Voulant	Voulu	Id.

conjugaison.

Impératif.	Subjonctif présent.	Imparfait.	Participe présent.	Partic. passé.	Auxi-liaire.
Absous (*n*)	Que j'absolve	. . . .	Absolvant	Absous	Avoir
Bats	Que je batte	Que je battisse	Battant	Battu	Id.
Bois	Q j boive (*p*)	Que je busse	Buvant	Bu	Id.
Conclus	Q je conclue	Que je conclusse	Concluant	Conclu	Id.
Conduis	Q j conduise	Q je conduisisse	Conduisant	Conduit	Id.
Confis	Que je confise	Que je confisse	Confisant	Confit	Id.
Connais	Q j connaisse	Que je connusse	Connaissant	Connu	Id.
Couds	Que je couse	Que je cousisse	Cousant	Cousu	Id.
Crois	Que je croie	Que je crusse	Croyant	Cru	Id.
Croîs	Que je croisse	Que je crusse	Croissant	Crû	Id.
Dis	Que je dise	Que je disse	Disant	Dit	Id.

(*k*) Tu veux, il veut, nous voulons, vous voulez, ils veulent.
(*l*) Que tu veuilles, qu'il veuille, q. n. voulions, q. v. vouliez, qu'ils veuillent.
(*m*) Tu absous, il absout, nous absolvons, vous absolvez, ils absolvent.
(*n*) Absolvons, absolvez.
(*o*) Tu bois, il boit, nous buvons, vous buvez, ils boivent.
(*p*) Que tu boives, qu'il boive, q. n. buvions, q. v. buviez, qu'ils boivent.
(*q*) Tu couds, il coud, nous cousons, vous cousez, ils cousent.
(*r*) Tu crois, il croit, nous croyons, vous croyez, ils croient.
(*s*) Tu croîs, il croît, nous croissons, vous croissez, ils croissont.
(*t*) Tu dis, il dit, nous disons, vous dites, ils disent.
Redire fait aussi *vous redites,* mais *dédire, contredire, interdire, médire* et *prédire* font *vous dédisez, vous contredisez,* etc.

Temps simples des

Infinitif présent.	Indicatif présent.	Imparfait.	Pass. déf.	Futur.	Conditionnel présent.
					Quatrième
ÉCRIRE	J'écris (a)	J'écrivais	J'écrivis	J'écrirai	J'écrirais
FAIRE	Je fais (b)	Je faisais	Je fis	Je ferai	Je ferais
JOINDRE	Je joins (c)	Je joignais	Je joignis	Je joindrai	Je joindrais
LIRE	Je lis	Je lisais	Je lus	Je lirai	Je lirais
MAUDIRE	Je maudis	J maudissais	Je maudis	Je maudirai	Je maudirais
METTRE	Je mets	Je mettais	Je mis	Je mettrai	Je mettrais
MOUDRE	Je mouds (d)	Je moulais	Je moulus	Je moudrai	Je moudrais
NAITRE	Je nais	Je naissais	Je naquis	Je naîtrai	Je naîtrais
NUIRE	Je nuis	Je nuisais	Je nuisis	Je nuirai	Je nuirais
PARAITRE	Je parais	J paraissais	Je parus	Je paraîtrai	Je paraîtrais
PEINDRE	Je peins (e)	Je peignais	Je peignis	Je peindrai	Je peindrais
PLAIRE	Je plais	Je plaisais	Je plus	Je plairai	Je plairais
PRENDRE	Je prends (f)	Je prenais	Je pris	Je prendrai	Je prendrais
RÉSOUDRE	Je résous (h)	J résolvais	Je résolus	J résoudrai	Je résoudrais
RIRE	Je ris	Je riais	Je ris	Je rirai	Je rirais
ROMPRE	Je romps	Je rompais	Je rompis	Je romprai	Je romprais
SUFFIRE	Je suffis	Je suffisais	Je suffis	Je suffirai	Je suffirais
SUIVRE	Je suis (i)	Je suivais	Je suivis	Je suivrai	Je suivrais
TAIRE	Je tais	Je taisais	Je tus	Je tairai	Je tairais
TRAIRE	Je trais (j)	Je trayais	. . . . .	Je trairai	Je trairais
VAINCRE	Je vaincs (k)	J vainquais	J vainquis	Je vaincrai	Je vaincrais
VIVRE	Je vis (l)	Je vivais	Je vécus	Je vivrai	Je vivrais

(a) Tu écris, il écrit, nous écrivons, vous écrivez, ils écrivent.
(b) Tu fais, il fait, nous faisons, vous faites, ils font.
Les *composés* de faire, comme *refaire, défaire*, etc., font aussi *vous refaites, vous défaites,* etc.
(c) Tu joins, il joint, nous joignons, vous joignez, ils joignent.
(d) Tu mouds, il moud, nous moulons, vous moulez, ils moulent.
(e) Tu peins, il peint, nous peignons, vous peignez, ils peignent.
(f) Tu prends, il prend, nous prenons, vous prenez, ils prennent.
(g) Que tu prennes, qu'il prenne, q. n. prenions, q. v. preniez, qu'ils prennent.
(h) Tu résous, il résout, nous résolvons, vous résolvez, ils résolvent.
(i) Tu suis, il suit, nous suivons, vous suivez, ils suivent.
(j) Tu trais, il trait, nous trayons, vous trayez, ils traient.

verbes irréguliers.

Impératif.	Subjonctif présent.	Imparfait.	Participe présent.	Partic. passé	Auxiliaire.
conjugaison (Suite)					
Ecris	Que j'écrive	Que j'écrivisse	Ecrivant	Ecrit	Avoir
Fais	Que je fasse	Que je fisse	Faisant	Fait	Id.
Joins	Que je joigne	Que je joignisse	Joignant	Joint	Id.
Lis	Que je lise	Que je lusse	Lisant	Lu	Id.
Maudis	Q je maudisse	Que je maudisse	Maudissant	Maudit	Id.
Mets	Que je mette	Que je misse	Mettant	Mis	Id.
Mouds	Que je moule	Que je moulusse	Moulant	Moulu	Id.
Nais	Que je naisse	Que je naquisse	Naissant	Né	Être
Nuis	Que je nuise	Que je nuisisse	Nuisant	Nui	Avoir
Parais	Q je paraisse	Que je parusse	Paraissant	Paru	Id.
Peins	Que je peigne	Que je peignisse	Peignant	Peint	Id.
Plais	Que je plaise	Que je plusse	Plaisant	Plu	Id.
Prends	Q j prenne (g)	Quo je prisse	Prenant	Pris	Id.
Résous	Que j résoive	Que je résolusse	Résolvant	Résolu	Id.
Ris	Que je rie	Que je risse	Riant	Ri	Id.
Romps	Que je rompe	Que je rompisse	Rompant	Rompu	Id.
Suffis	Que je suffise	Que je suffisse	Suffisant	Suffi	Id.
Suis	Que je suive	Que je suivisse	Suivant	Suivi	Id.
Tais	Que je taise	Que je tusse	Taisant	Tu	Id.
Trais	Que je traie	(*)	Trayant	Trait	Id.
Vaincs	Q je vainque	Q je vainquisse	Vainquant	Vaincu	Id.
Vis	Que je vive	Que je vécusse	Vivant	Vécu	Id.

(*k*) Tu vaincs, il vainc, nous vainquons, vous vainquez, ils vainquent.

(*l*) Tu vis, il vit, nous vivons, vous vivez, ils vivent.

REMARQUE. — Les *composés* des verbes *irréguliers* se conjuguent comme leurs *simples*. Ainsi, *renvoyer* se conjugue comme *envoyer*; *accourir* et *secourir*, comme *courir*; *promettre* et *remettre*, comme *mettre*, etc.

Conjuguez sur *conduire* les verbes suivants en *uire*: *déduire*, *instruire*, *détruire*, *construire*, *reconstruire*.

Sur *peindre* tous les verbes en *cindre*: *teindre*, *atteindre*, etc.

Sur *prendre*: *apprendre*, *comprendre*, *entreprendre*, *reprendre* et *surprendre*. (V. *Cours de dictées*.)

(*) Les verbes auxquels il manque des *temps* ou des *personnes* s'appellent verbes *défectifs*.

Verbes conjugués interrogativement.

La forme interrogative s'emploie pour interroger. Voici le verbe *chanter* conjugué de cette manière.

1ᵉʳ Mode. — INDICATIF.

PRÉSENT.

Chanté-je ?
Chantes-tu ?
Chante-*t*-il ?
Chantons-nous ?
Chantez-vous ?
Chantent-ils ?

IMPARFAIT.

Chantais-je ?
Chantais-tu ?
Chantait-il ?
Chantions-nous ?
Chantiez-vous ?
Chantaient-ils ?

PASSÉ DÉFINI.

Chantai-je ?
Chantas-tu ?
Chanta-t-il ?
Chantâmes-nous ?
Chantâtes-vous ?
Chantèrent-ils ?

PASSÉ INDÉFINI.

Ai-je chanté ?
As-tu chanté ?
A-t-il chanté ?
Avons-nous chanté ?
Avez-vous chanté ?
Ont-ils chanté ?

PASSÉ ANTÉRIEUR.

Eus-je chanté ?
Eus-tu chanté ?
Eut-il chanté ?
Eûmes-nous chanté ?
Eûtes-vous chanté ?
Eurent-ils chanté ?

PLUS-QUE-PARFAIT.

Avais-je chanté ?
Avais-tu chanté ?
Avait-il chanté ?
Avions-nous chanté ?
Aviez-vous chanté ?
Avaient-ils chanté ?

FUTUR.

Chanterai-je ?
Chanteras-tu ?
Chantera-t-il ?
Chanterons-nous ?
Chanterez-vous ?
Chanteront-ils ?

FUTUR ANTÉRIEUR.

Aurai-je chanté ?
Auras-tu chanté ?
Aura-t-il chanté ?
Aurons-nous chanté ?
Aurez-vous chanté ?
Auront-ils chanté ?

2ᵉ Mode. — CONDITIONNEL.

PRÉSENT.

Chanterais-je ?
Chanterais-tu ?
Chanterait-il ?
Chanterions-nous ?
Chanteriez-vous ?
Chanteraient-ils ?

PASSÉ.

Aurais-je chanté ?
Aurais-tu chanté ?
Aurait-il chanté ?
Aurions-nous chanté ?
Auriez-vous chanté ?
Auraient-ils chanté ?

SECOND PASSÉ.

Eussé-je chanté ?
Eusses-tu chanté ?
Eût-il chanté ?
Eussions-nous chanté ?
Eussiez-vous chanté ?
Eussent-ils chanté ?

Verbes à conjuguer interrogativement: *parler, trouver, demander;* — *finir, obéir;* — *recevoir, devoir;* — *rendre, attendre, répondre;* — *tomber, sortir, venir, descendre;* — *se promener, s'absenter, s'en aller,* etc.

REMARQUES SUR LES VERBES CONJUGUÉS INTERROGATIVEMENT.

198.—1re REMARQUE.—L'*impératif*, le *subjonctif* et l'*infinitif* ne s'emploient pas interrogativement.

199.— 2e REMARQUE.—Dans les temps *simples*, le pronom sujet est placé après le verbe ; ex.: *chantez-vous ? chanterons-NOUS ?*

Dans les temps *composés*, le pronom est entre l'auxiliaire et le participe : *as-TU chanté ? ont-ILS chanté ?*

Dans tous les temps, on met un trait d'union avant le pronom ; ex.: *vient-il ? est-elle arrivée ?*

200.— 3e REMARQUE.—Quand le verbe finit par une voyelle et qu'il est suivi de l'un des pronoms *il, elle, on*, on met entre le verbe et le pronom la lettre *euphonique* T, placée entre deux traits d'union. Ex.: *chante-t-il ? chanta-t-elle ? chantera-t-on ?* (*)

201. — 4e REMARQUE.—Si le verbe finit par un E *muet*, à la 1re personne, on change cet *e* en *é*. Ex.: *chanté-je ? eussé-je chanté ?*

202.—5e REMARQUE.—Si le verbe n'a qu'une syllabe à la 1re personne du *présent de l'indicatif*, comme *je dors, je vends, je rends,* etc., au lieu de dire *dors-je ? rends-je ? sors-je ?* etc., on dit: *est-ce que je dors ? est-ce que je vends ? est-ce que je sors ?* etc.

Cependant on dit bien : *ai-je ? suis-je ? dis-je ? fais-je ? sais-je ? vais-je ? dois-je ? vois-je ? puis-je ?*

203. — Modèle d'analyse sur les verbes, etc.

Nous	pron. pers. de la 1re pers. du pluriel.
aimons	verbe transitif *aimer*, à la 1re pers. plur. du présent de l'indicatif, 1re conj., ayant pour sujet *nous*, et pour complém. direct *enfants*.
les	art. simp au pluriel.
enfants	nom com. masculin pluriel.
studieux.	adj. qualif. au masc. pluriel, qualifie *enfants*.
Tu	pronom pers. de la 2e pers. du singulier.
as parlé	verbe intransitif *parler* 2e pers. du singulier du passé indéfini, 1re conjugaison ayant pour sujet *tu.*
(à)	. . . . . . (préposition, mot invariable).
mon	adj. possessif au masculin sing. détermine *père.*
père.	nom com. masc. sing.; complément indirect de *as parlé.*
Charles	nom propre du masc. sing.
se promènera	verbe pronominal accidentel *se promener*, 3e pers. sing. du *futur* de l'ind., 1re conj., ayant pour sujet *Charles* et pour compl. direct *se.*
(demain.)	. . . . . . (adverbe de temps, mot invariable.)
Elles	pronom pers. de la 3e pers. du pluriel.
se sont repenties	verbe pronom. essentiel *se repentir*, à la 3e pers. plur. du passé indéf., 2e conj., ayant pour sujet *elles* et pour compl. dir. *se.*
(de)	. . . . . . (préposition, mot invariable.)
leurs	adj. possessif au fém. plur., qui détermine *fautes.*
fautes.	nom commun du fém. plur. compl. ind. de *se sont repenties.*
Il	pron. pers. de la 3e pers. du singulier.
faudrait	verbe unipersonnel *falloir*, à la 3e pers. du sing. du présent du conditionnel, 3e conj. ayant pour sujet *apparent* IL.
(que)	. . . . . . (conjonction, mot invariable.)
vous	pronom pers. de la 2e pers. du pluriel.
travaillassiez.	v. intr. à la 2e pers. plur. de l'imparf. du subj., 1re conjugaison ; son sujet est *vous.*

(*) Lettre *euphonique*— qui sert à rendre la prononciation facile, agréable.

CHAPITRE VI.

Sixième espèce de mots. — LES PARTICIPES.

***204.** — Le participe est un mot qui tient du verbe et de l'adjectif, comme *aimant, aimé*.

***205.** — Il y a deux sortes de participes : le participe *présent* et le participe *passé*.

1° Du participe présent.

Participes *présents* : *chantant , finissant, recevant, rendant.*

***206.** — Le participe *présent* finit toujours par *ant* , Ex. : Un homme *lisant*, une femme *lisant*.
Des hommes *lisant*, des femmes *lisant*.

***207.** — Il ne faut pas confondre le participe *présent*, qui est invariable , avec l'*adjectif verbal* (*). Celui-ci , également terminé par le son AN , s'accorde en genre et en nombre avec le mot qu'il qualifie. Ex. : *un homme* OBLIGEANT , *une femme* OBLIGEANTE.

208.—Tout mot en *ant* est participe présent quand il marque une *action* faite par le mot auquel il se rapporte. Ex. : *des enfants* OBÉISSANT *à leur maître.*

209.—Tout mot en *ant* est *adjectif verbal* quand il marque *l'état ordinaire*, la *qualité habituelle* du mot auquel il se rapporte. Ex. : *des enfants dociles et* OBÉISSANTS.

210. 1ʳᵉ REMARQUE.—Le qualificatif en *ant* est participe présent :
1° Quand il a un complément *direct* : *des enfants* AIMANT *le jeu.*
2° Quand il est accompagné d'une négation : *des écoliers ne* PARLANT *pas.*
3° Quand il est précédé de la préposition *en*, exprimée ou sous-entendue : *les soldats meurent en* COMBATTANT.
4° Quand on peut le remplacer par un autre temps du verbe précédé de *qui* , ou de *lorsque, puisque,* etc. Ex. : *des hommes* PRÉVOYANT *le danger* ; on peut dire : QUI PRÉVOIENT *le danger.*

211. 2ᵉ REMARQUE.—Le qualificatif en *ant* est adjectif verbal :
1° quand il est joint au verbe *être* : *vos amis sont* PRÉVENANTS.
2° Quand il n'a aucune espèce de complément : *voici des livres très-*INTÉRESSANTS. (Qq. exc.)

(*) On appelle adjectifs *verbaux* ceux qui dérivent des verbes, comme *charmant, obligeant,* qui viennent des verbes *charmer, obliger.*

CHAPITRE VI.

Sixième espèce de mots. — Les participes.

N° 204. — EXPLICATION. — Le participe présent *aimant* tient du verbe, parce que, comme le verbe, il marque une *action* et peut avoir un complément direct : *un homme* AIMANT *Dieu*. Le participe passé *aimé* tient de l'adjectif, parce que, comme l'adjectif, il *qualifie* le mot auquel il se rapporte : *un homme* AIMÉ *de Dieu*.

Chaque verbe a un participe présent et un participe passé.

N° 206. — (*L'élève finira les phrases, puis les mettra au pluriel.*)

Un enfant *écrivant* bien.	Une personne —.
Un seviteur *obéissant* à son maître.	Une servante —.
Un homme *craignant* Dieu.	Une femme. —.

N° 207.—(*L'élève distinguera les participes présents des adjectifs verbaux.*)

Des enfants *remuants*.	Des enfants *remuant* souvent.
Une personne *souffrante*.	Une personne *souffrant* de temps en temps.
Une route *fatigante*.	Une route *fatiguant* les enfants.
Des maîtres *exigeants*.	Des maîtres *exigeant* du travail.
Des histoires *amusantes*.	Des histoires *amusant* les jeunes gens.
Des contes *effrayants*.	Des contes *effrayant* les enfants.

208 et 209. — (*L'élève mettra les lettres qui manquent.*)

Une conduite révoltant... Une conduite révoltant... les gens de bien. Une personne aimant... Une personne aimant... la musique. Une boisson rafraîchissant.. Une pluie rafraîchissant.. la terre. Une étoffe salissant.. Une matière salissant.. les habits. Des faits plaisant.. Des discours plaisant.. à tout le monde. Des personnes mourant.. Des pauvres mourant.. de faim.

Nos 210 et 211.—Les écoliers *faisant* bien leurs devoirs et *apprenant* toujours leurs leçons sont aimés de leurs maîtres. Certains travaux sont pénibles et *fatigant*. Des vents terribles, *brisant* les arbres et *renversant* les maisons, ont ravagé le pays. Ne *prévoyant* pas tous les obstacles, ces braves gens n'ont pas bien pris leurs mesures. Les hommes sont *changeant*. Ces jeunes filles étaient autrefois *prévenant*, *complaisant*, *obligeant*. En *travaillant* beaucoup, nous deviendrons *savant*. En *observant* la loi de Dieu, on est sûr d'aller au ciel. Voici des tableaux *charmant*. Ces enfants, *obéissant* dès qu'on les commande, ne sont jamais punis.

Les eaux *courant* sont toujours saines. En *étudiant* avec ardeur, les élèves font des progrès rapides. Nous rencontrâmes des bergers *conduisant* leurs troupeaux dans la plaine. Une personne *reconnaissant* remercie son bienfaiteur. Nous vîmes des papillons *voltigeant* de fleur en fleur. Les montagnes mettent cette côte fertile à l'abri des vents *brûlant* du midi. Les personnes moqueuses et *méprisant* sont méprisables. Nos troupes, *marchant* beaucoup, *dormant* peu, furent bientôt exercées aux fatigues de la guerre. Les vents *brûlant* du désert font souvent mourir les plantes *souffrant*. *Conservant* le souvenir de vos bontés, je vous témoignerai ma reconnaissance en vous *rendant* tous les services possibles. Les lions *rugissant* se précipitent quelquefois sur les chasseurs *tremblant*.

2° Du participe passé.

Participes passés : *chanté, fini, reçu, rendu.*

212.—Le participe *passé* a plusieurs terminaisons. Ex. : *chant*É, *fin*I, *reç*U, *écri*T, *soumis.*

213.—Pour savoir comment finit un participe passé au masculin singulier , *on cherche le féminin* et on en retranche l'*e* final. Ainsi, *instruit* finit par *t* à cause du féminin *instruite* ; *promis* finit par *s* à cause du féminin *promise.* (Qq. exc.)

Règles d'accord du participe passé.

*__214.__—1ʳᵉ RÈGLE.—Le participe passé *employé seul** s'accorde , comme l'adjectif , en genre et en nombre avec le mot qu'il qualifie.

Ex. : *Un enfant* INSTRUIT, *des enfants* INSTRUITS.

*__215.__—2ᵉ RÈGLE.—Le participe passé *joint au verbe être* s'accorde en genre et en nombre *avec le sujet* du verbe. Ex. : IL *est* TOMBÉ ,   ELLE *est* TOMBÉE ,
          ILS *sont* TOMBÉS ,   ELLES *sont* TOMBÉES.

*__216.__ — 3ᵉ RÈGLE. — Le participe passé *joint au verbe avoir* s'accorde en genre et en nombre *avec son complément direct*, s'il en est précédé.**

Ex. : *Voici les livres* QUE *j'ai* ACHETÉS.
          Voilà la plume QUE *j'ai* ACHETÉE.

217. — Il suit de cette 3ᵉ règle : 1° que le participe conjugué avec *avoir* est *invariable* quand son complément direct le *suit* ; ex. : *j'ai* ACHETÉ *des* LIVRES ; 2° que le participe conjugué avec *avoir* est encore *invariable* quand il n'a pas de complément *direct* ; ex. : *l'armée a* PÉRI. (*Périr* est un verbe *intransitif.*)

*__218.__ — REMARQUE.— Le participe passé d'un verbe *pronominal* s'accorde aussi en genre et en nombre avec son complément *direct*, *s'il est avant le participe*, parce que, dans les verbes pronominaux, le verbe *être* est mis pour *avoir.* Ex. : *elle s'est* BLESSÉE *en jouant ; elle s'est* BLESSÉ LA MAIN.

219. — Il suit de cette remarque : 1° que le participe passé d'un verbe pronominal *essentiel* s'accorde toujours avec le second pronom , qui est considéré comme complément direct. (Nº 174.)

Ex. : *Nous* NOUS *sommes* ABSTENUS ; *elles s'en sont* ALLÉES.

2° Que le participe passé des verbes *pronominaux intransitifs* est toujours invariable , puisqu'il n'a pas de complément *direct.*

Ex. : *Elles se sont* PARLÉ, c'est-à-dire *elles ont* PARLÉ à elles (185).

---

* C'est-à-dire qui n'est joint ni au verbe *avoir* ni au verbe *être.*

** Le complément direct (quand il est avant le participe) est un des pronoms *que, le, la, les, me, te, se, nous, vous,* ou un *nom* précédé de *quel, que de, combien de,* etc. (Voir les nᵒˢ 164 et 165.)

2. Du participe *passé*.

Nº 213. — (*L'élève mettra les participes suivants* au masculin singulier.)

Aimée, punie, aperçue, vendue, acquise, courue, cueillie, morte, assise, vue, offerte, ouverte, partie, vêtue, close, cousue, prédite, éclose, exclue, faite, frite, jointe, lue, maudite, prise, suivie, vaincue, absoute, dissoute. (Ces deux derniers font *absous, dissous.*)

Nº 214. — (*L'élève finira la phrase.*)

Le cahier *fini*, la page —, les cahiers—, les pages —.

Le raisin *vendu*, les raisins —, la maison —, les maisons—.

Un livre *ouvert*, une porte —, des livres —, des portes —.

Voici des fruits nouvellement cueilli.. Les remèdes employé... trop tard n'ont aucun effet. La charité est une loi sacrée... de notre religion. Parti .. le matin de Paris, nous arrivâmes bien fatigué... le soir. Effrayé... à l'approche de l'ennemi, les mauvais soldats prirent la fuite.

Nº 215. — Il était *sorti*, elle était —, nous étions —, elles étaient —. Le pain est *cuit*, les pains sont —, la pomme est —, les pommes sont —. Ce monsieur est *mort*, cette dame est —, ces messieurs sont —, ces dames sont —.

Son manteau est doublé... de flanelle. Cette histoire est bien raconté.. Les personnes dont vous me parlez sont dignes d'être estimé.. et honoré... Une loi injuste a été aboli.. Trois mille fusils ont été pris ..aux ennemis. Toutes les formalités voulu.. ont été rempli..Les sciences ont toujours été protégé... par les gouvernements éclairé...

Nº 216. — Voici la lettre que j'ai reçu... Voici les lettres que j'ai reçu... Voilà la plume que j'ai acheté... Voilà les plumes que j'ai acheté... Je n'oublierai jamais les services que vous m'avez rendu... Nous les avons offensé... sans le vouloir. Quelle affaire avez-vous entrepris..? Que de dangers nous avons couru... sur cette mer!

Nº 217. — J'ai reçu... une lettre. Nous avons acheté... des plumes. Ils ont livré... la ville. Les troupes ayant reçu... l'ordre de combattre, ont culbuté... l'ennemi et remporté...une victoire complète.

Ils ont pleuré... Elles ont bien souffert... Nous avons marché... Ces jeunes gens ont toujours vécu... dans un accord parfait. Vous n'avez pas réussi... Les trois heures que j'ai dormi... m'ont paru... courtes.

Nº 218.—Elle s'est coupé... Elle s'est coupé... le doigt. Nous nous sommes promené. . Elles se sont promené... Ils se sont adressé... des lettres. Elles se sont déchiré... leurs habits. Vous vous êtes rendu... esclaves. Ces messieurs se sont imaginé... que nous voulions les tromper. Nos enfants se sont bien corrigé... Les voyageurs se sont arrêté... Ils se sont donné... des louanges. Ils se sont arrogé... des droits.

Nº 219. — Elle s'est abstenu... de parler. L'eau s'est écoulé... promptement. Les oiseaux se sont envolé... Nous nous sommes enfui... Les ennemis se sont emparé... de la place par surprise. Cette femme s'est repenti... de son crime. Nous nous sommes défié... de ce trompeur. Elles se sont aperçu... de leur faute. Il possède l'autorité qu'il s'est arrogé. .

Nous nous sommes constamment déplu... dans ce village. Elle s'est ri... de sa compagnie. Vous vous êtes nui... l'un à l'autre. Ils se sont persuadé... qu'il suffit d'être riche pour être heureux. Cette fille s'est plu .. à médire. Les années se sont toujours succédé... rapidement.

Remarques sur les Participes passés.

220. — **1re REMARQUE.** — Le participe d'un verbe *unipersonnel* ne varie jamais. Exemple : *il est* TOMBÉ *bien de la pluie pendant les chaleurs qu'il a* FAIT.

221. — **2e REMARQUE.** — Le participe entre deux *que* est toujours *invariable* parce que son complément direct le suit. Ex. : *la lettre* QUE *j'avais* PENSÉ QUE *vous recevriez n'est pas arrivée.*

222. — **3e REMARQUE.** — Le participe est invariable quand il a pour complément direct *l'* remplaçant un membre de phrase : *cette maison n'est pas aussi belle que je* L'*avais* CRU.

223. — **4e REMARQUE.** — Le participe *fait* suivi d'un *infinitif* est toujours invariable. Ex. : *les enfants que j'ai* FAIT LIRE.

224. — **5e REMARQUE.** — Tout participe passé (autre que *fait*) suivi d'un infinitif s'accorde avec le nom précédent quand ce nom fait l'action exprimée par l'infinitif. Ex. : *les enfants* QUE *j'ai* VUS étudier *sont très aimables.*

(Les enfants *étudiaient; vus* s'accorde avec *que* pour *enfants.*)

Mais si le nom précédent ne fait pas l'action exprimée par l'infinitif, le participe est invariable. Ex. : *les enfants* QUE *j'ai* VU punir *sont* très-méchants.

(Les enfants ne *punissaient* pas ; *vu* est invariable.) (Qq. exc.)

225. — **6e REMARQUE.** — Après les participes des verbes *devoir, pouvoir* et *vouloir*, l'infinitif est quelquefois sous-entendu ; dans ce cas , le participe reste invariable. Ex. : *je lui ai rendu tous les services que j'ai* PU (sous-entendu, *lui rendre*).

226. — **7e REMARQUE.** — Le participe passé précédé de *le peu* s'accorde avec le nom suivant , quand le sens de la phrase permet de supprimer *le peu ;* alors *le peu* veut dire *une petite quantité.* Ex : *on m'a pris* LE PEU *de bons points que j'avais* GA-GNÉS. On peut dire : *on m'a pris les bons points que j'avais* GAGNÉS.

Mais quand on ne peut pas retrancher *le peu*, le participe reste au masculin singulier. Alors *le peu* signifie *le manque.* Ex.: *vous n'aurez pas de prix à cause* DU PEU *de bons points que vous avez* GAGNÉ. On ne peut pas dire : *à cause des bons points*, etc.

227. — Modèle d'analyse sur le Participe :

Voyez cet affreux ouragan, *renversant* les arbres sur son passage. — Cette charmante enfant, *aimée* de tout le monde , est tombée en jouant.

Renversant, | participe présent du verbe *renverser* ; invariable.
Aimée, | part. passé du verbe *aimer* , au féminin sing., qualifie *enfant*.

NOTA. — Les élèves analyseront les participes qui se trouvent dans les phrases ci-dessus. — On suivra le même procédé pour les quatre dernières espèces de mots.

N° 220. — Il est *arrivé*... des courriers. Les froids qu'il a *fait*... cette année ont retardé... la moisson... Les procès qu'il y a *eu*... entre eux sont terminé...

N° 221. — Les succès que j'ai *su*... que vous aviez obtenu... m'ont causé... un vif plaisir. Les lettres que j'avais *présumé*... qu'on m'enverrait ne sont pas arrivé... C'est la réponse que j'avais *prévu*... qu'on nous ferait.

N° 222. — L'affaire n'a pas réussi... comme nous l'aurions *désiré*... Cette dame est plus aimable que je ne l'avais *cru*... Nous n'avons pu... vous écrire comme nous vous l'avions *promis*...

N° 223. — Je les ai *fait*... lire. Nous les avons *fait*... sortir. Elles les ont *fait*... travailler. Les robes dont elle avait besoin, elle les a *fait*... faire à la ville. Les livres que vous m'avez demandé.., je les ai *fait*... porter chez vous.

N° 224. — Connaissez-vous les personnes que nous avons *entendu*... chanter? Vos sœurs ne sont pas ici ; je les ai *vu*... sortir. J'ai ramassé... les fruits que j'ai *vu*... tomber des arbres. Les orateurs que j'ai *entendu*... parler sont encore jeunes. Je les ai *laissé*... lire cette fable.

Les cantiques que j'ai *entendu*... chanter sont admirables. Les fruits que vous avez *vu*... cueillir sont excellents. Imitez les vertus que vous avez *entendu*... louer. Les objets que j'ai *envoyé*... acheter ne sont pas arrivé... Elles m'ont fait .. des questions auxquelles je n'ai pas *cru*... devoir répondre. Les dames que j'ai *vu*... venir paraissent fatigué...

N° 225. — Nous avons rendu... tous les services que nous avons *pu*... Vous leur avez fait... tous les reproches que vous avez *dû*... Nous avons obtenu... tous les avantages que nous avons *voulu*...

N° 226. — Le peu d'amis qu'il a *eu*... lui ont suffi. . Le peu d'amitié que vous m'avez *témoigné*.. m'a fait... bien plaisir. Le peu d'instruction que nous avons *acquis*... nous a bien servi... Le peu de leçons que j'ai *pris* .. m'ont été d'un grand secours.

Le peu d'éducation qu'il a *reçu* .. ne lui permet pas de remplir ce poste. Le peu de progrès que vous avez *fait*... m'indique que vous ne vous appliquez pas. Le peu d'instruction qu'il a *reçu*... l'empêche d'obtenir une place avantageuse. Le peu de terre que vous avez *vendu*... suffira pour payer la maison que vous avez acheté...

Récapitulation.

Un livre usé..., une robe usé..., des robes usé... Ces jeunes gens sont instruit... Ces demoiselles sont sorti... La plume que j'ai acheté... ne vaut rien. Les couteaux que j'ai trouvé... sont très-jolis. Les honneurs qu'on m'a rendu.., c'est mon habit qui me les a valu... Cette terre m'a coûté . cent mille francs. Je ne puis vous dire les peines que cette affaire m'a coûté... Les deux heures que j'ai dormi... ont réparé... mes forces. Ce sont d'excellents fruits ; ils en ont mangé... tant qu'ils en ont voulu...

Elle s'est flatté... de réussir. Nos pigeons se sont envolé... Les vents qu'il a fait... cet été ont desséché... les plantes... Voici des murs que nous avons fait... relever après les avoir vu... tomber. Nous ne verrons pas mourir tous les arbres que nous avons vu... planter. Le peu de prudence que vous avez montré.., a fait... manquer le marché. Turenne est un des plus célèbres guerriers que la France ait eu...

CHAPITRE VII.

Septième espèce de mots. — LES ADVERBES.

228. — L'adverbe est un mot *invariable* [*] qui sert à modifier un *verbe*, un *adjectif* ou un autre *adverbe*. Ex. : *Jules* lit PARFAITEMENT ; *il est* TRÈS-sage *et il étudie* FORT bien.

229. — Il y a des adverbes de *manière*, de *temps*, de *lieu*, de *quantité*, d'*ordre*, de *comparaison*, d'*affirmation* et de *négation*.

1° Les adverbes *de manière* sont: *bien, mal, parfaitement, agréablement, doucement*, etc. — Ils finissent presque tous par *ment* et sont formés des adjectifs, comme *sagement* de *sage*, *prudEmment* de *prudEnt*, etc. [**]

2° Les adverbes de *temps* sont : *autrefois, hier, aujourd'hui, demain, bientôt, toujours, jamais*, etc.

3° Les adverbes de *lieu* sont : *ici, là, où, partout, dessus, dessous, dedans, dehors, devant, derrière*, etc.

4° Les adverbes de *quantité* sont : *peu, assez, beaucoup, trop, très, fort, combien, si, tant, tellement, que*, etc.

5° Les adverbes d'*ordre* sont : *d'abord, puis, ensuite, premièrement, secondement, troisièmement*, etc.

6° Les adverbes de *comparaison* sont : *plus, mieux, moins, aussi, autant*, etc.

7° Les adverbes d'*affirmation* sont : *oui, assurément, certainement*, etc.

8° Les adverbes de *négation* sont : *non, ne, nullement, aucunement*, etc.

230. — On appelle *adverbe composé* un adverbe formé de plusieurs mots. Ex. : *ne... pas, ne... point, ne... que, avant-hier, sur-le-champ, à l'avenir, sans cesse, peut-être, tout-à-fait, tant pis, tant mieux*, etc.

231. REMARQUE. — On met un accent grave sur *là* et *où*, adverbes de lieu : *où allez-vous ? — Je vais là.* — Mais on n'en met pas sur *la*, article ou pronom, ni sur *ou*, conjonction, qui veut dire *ou bien*. Ex. : la *garde dit : il faut vaincre ou mourir.*

232. — Modèle d'analyse.

Jules apprit parfaitement sa leçon avant-hier.

Parfaitement	adverbe de manière, mot invariable.
Avant-hier	adverbe composé.

---

[*] C'est-à-dire qui s'écrit toujours de la même manière.

[**] *PrudEmment* prend un E parce qu'il vient de *prudEnt* ; *élégAmment* prend un A parce qu'il vient d'*élégAnt*. Les adverbes de manière gardent donc, avant la finale *ment*, l'e ou l'a de l'adjectif dont ils dérivent.

CHAPITRE VII.

Septième espèce de mots. — LES ADVERBES.

N° 228. — EXPLICATION. — Dans l'exemple, *parfaitement* modifie *lire*, TRÈS modifie *sage*, et FORT modifie *bien*.

Nota. — L'adverbe se place ordinairement *près du verbe*.

N° 229. — (*L'élève soulignera les* adverbes.)

Ceci est bien fait. Cela est mal arrangé. Cette leçon est parfaitement sue. Agissez prudemment. Cette dame est élégamment vêtue. Jules lit couramment. Elle partira incessamment. Je souhaite ardemment de vous revoir fréquemment. Récemment, ce régiment a si vaillamment combattu qu'il a puissamment contribué à la prise de la ville. Je vous prie instamment de m'écouter patiemment. L'orateur a savamment discouru sur un point différemment interprété jusqu'ici; il l'a suffisamment éclairci.

Hier, il faisait froid; aujourd'hui, il fait chaud; demain, il pleuvra peut-être. Autrefois, on croyait aux sorciers. La marine fut longtemps négligée en France. Une bonne action trouve toujours sa récompense.

Dieu est présent partout. Où sont vos amis? — Ils sont ici. Ils iront là. On le croyait dessus, il était dessous.

Je suis fort content de vous. Vous êtes très-modeste. Il a peu de fortune, mais il a beaucoup de talent. Que j'aime les enfants polis et obéissants!

Cette jeune fille apprend d'abord ses leçons. Elle joue ensuite. Je voudrais premièrement que vous fussiez sage.

Pauline est plus jeune et cependant aussi instruite que son frère, car, si elle écrit moins bien, elle lit mieux, et sait autant ses leçons.

Assurément, je vous aime; mais je vous aimerais certainement davantage si vous vous corrigiez de vos défauts.

Je ne sais ce que vous avez aujourd'hui : vous n'êtes nullement aimable.

N° 230. — (*L'élève soulignera les* adverbes composés.)

Il ne sait pas lire. Elle ne saura point écrire. On ne plaît que par la douceur. Avant-hier, il a plu. Il vente sans cesse. Il pleut peut-être. Il n'y a pas tout-à-fait trois heures que la voiture est partie. Il y en a à peu près deux et demie. Ici-bas, personne ne jouit d'un bonheur parfait. Non-seulement nous devons aimer nos amis, il faut encore aimer nos ennemis.

N° 231. — (*L'élève mettra un accent grave sur* là *et* où*, adverbes.*)

Ou demeurez-vous? *Ou* sont vos parents? Vois-tu ce grand chêne, *la*-bas? Je pourrai jusque-*la* t'accompagner, j'espère. Je ne conçois pas que l'on puisse préférer l'argent à *la* vertu. Nul ne connaît l'instant *ou* il doit mourir. Faites cela, *ou* vous serez puni. Le ciel *ou* l'enfer sera notre partage, selon que nous aurons fait le bien *ou* le mal.

CHAPITRE VII.

Huitième espèce de mots. — LES PRÉPOSITIONS.

* **233**. — La *préposition* est un mot *invariable* qui sert à exprimer le *rapport* qu'il y a entre deux mots. — Quand je dis : *le fruit* DE *l'arbre*, *de* marque le rapport qu'il y a entre *fruit* et *arbre*.

* **234**. — Les principales prépositions sont : *à, de, par, avec, dans, pour, — en, chez, sur, sous, vers, entre, parmi, — avant, après, depuis, dès, durant, pendant, envers, contre, malgré, selon, sans, sauf*, etc.

* **235**. — On appelle *préposition composée* une préposition formée de plusieurs mots. Ex. : *vis-à-vis, autour de, loin de, quant à, jusqu'à, lorsqu'à*, etc.

256. — 1re REMARQUE. — Les prépositions composées finissent presque toutes par *de* ou par *à*.

257. — 2e REMARQUE. — On met un accent grave sur *à* et *dès* prépositions ; ex. : *je vais à Paris dès demain*.

On ne met point d'accent sur *a*, 3e personne du verbe *avoir* (qui peut se remplacer par *avait*), ni sur *des*, article composé. Ex. : *elle a obtenu des prix*.

258. — 3e REMARQUE. — *En* est *pronom* quand il signifie *de lui, d'elle, d'eux, de cela*. Ex. : *il* EN *parle souvent*, c'est-à-dire *il parle* DE LUI, D'ELLE, etc. — *En voulez-vous ?* c'est-à-dire : *voulez-vous* DE CELA ?

En est *préposition* dans les autres cas : *aller* EN *voiture*.

239. — Modèle d'analyse :

J'irai à Paris avant d'aller à Londres.

A	préposition, mot invariable.
Avant de	préposition composée.

CHAPITRE IX.

Neuvième espèce de mots. — LES CONJONCTIONS.

* **240**. — La conjonction est un mot *invariable* qui sert à *joindre* une phrase à une autre. — Par exemple, quand on dit : *il pleure* ET *il rit en même temps*, le mot ET lie la première phrase *il pleure* avec la seconde *il rit*.

* **241**. — Les principales conjonctions sont : *et, ou, ni, mais, que, si, — car, comme, quand, lorsque, puisque, quoique, — or, donc, ainsi, enfin, cependant, sinon, néanmoins, pourtant*, etc.

CHAPITRE VIII.

Huitième espèce de mots. — LES PRÉPOSITIONS.

N° 234. — (*L'élève soulignera les* prépositions.)

En allant de Lyon à Londres, on passe par Paris. Je travaille pour m'instruire. Dans la vie, il est de bons et de mauvais jours. Nous irons vous voir dès demain. Ce navire lutta pendant toute la nuit contre la violence des flots. Le monde existe depuis six mille ans. Avec du travail et de la bonne conduite, on réussit malgré ses ennemis. L'œil de la mouche et le brin d'herbe sont admirable pour celui qui les observe : Dieu est grand même dans les petites choses.

N° 235. — (*L'élève soulignera les prépositions* composées.)

Une fille bien élevée se tient toujours auprès de sa mère. Avant de parler, réfléchissez. Il faut persévérer dans le bien jusqu'à la mort. Écrivez si vous voulez, quant à moi j'étudie. Nous demeurons vis-à-vis de l'église. L'armée a passé à travers une épaisse forêt. D'après la loi, telle chose est permise.

N° 237. — (*L'élève mettra un accent grave sur* à *et* dès *prépositions.)*

J'allai *a* Marseille. Je vais *a* Bordeaux. Il *a* un crayon. Elle *a* de beaux habits. A la mort, on recueille ce qu'on *a* semé. Ne remettez pas *a* demain le bien que vous pouvez faire aujourd'hui. Laissez dire les sots : le savoir *a* son prix.

Des le matin, on doit prier Dieu. Voici *des* leçons que vous apprendrez *des* ce soir. Voilà *des* enfants que j'ai connus *des* leur enfance. *Des* demain, je ferai *des* préparatifs.

N° 238. — (*L'élève dira si* en *est* pronom *ou* préposition.)

Avez-vous reçu des lettres? Oui, j'*en* ai reçu. A-t-il trouvé des amis ? Oui, il *en* a eu. Voyagerez-vous *en* Afrique? Non, j'irai *en* Angleterre, *en* Prusse et *en* Autriche. Ne m'*en* parlez pas, c'est une personne détestable. Les eaux de la mer retombent *en* pluie sur la terre. *En* été, la fourmi fait ses provisions pour l'hiver. Il y a *en* France un grand nombre de canaux et de chemins de fer.

CHAPITRE IX.

Neuvième espèce de mots. — LES CONJONCTIONS.

N° 241. — (*L'élève soulignera les* conjonctions.)

Vous aurez des prix si vous êtes sages et instruits. L'ambition et l'avarice de l'homme sont la source de ses malheurs. Puisque Dieu est juste, il punit les méchants. On meurt comme on a vécu. Il est plus difficile de vaincre ses passions que de vaincre ses ennemis. On éprouve une douce joie quand on rend service à un ami. Quoique Victor soit jeune, il est très-instruit. Cet enfant est un peu lent, mais il est très-assidu au travail.

***242.** — On appelle *conjonction composée* une conjonction formée de plusieurs mots. Ex. : *ou bien, au reste, au surplus, par conséquent, avant que, pour que, de peur que,* etc.

243. — REMARQUE. — La plupart des *conjonctions composées* finissent par *que.*

EXERCICE. — *(L'élève soulignera les conjonctions composées.)*
J'ai acheté ce livre parce que j'en ai besoin. Je me suis trompé ainsi que vous ; en conséquence, nous allons recommencer. Dès que j'aurai fini, je jouerai.

244. — OBSERVATION. — QUE est *pronom* quand on peut le remplacer par *lequel, laquelle,* etc. Ex. : le *livre* QUE *je lis,* c'est-à-dire LEQUEL *je lis.*

QUE est *adverbe* quand il signifie *combien* : QUE *cet enfant est aimable !* c'est-à-dire COMBIEN *cet enfant est aimable !*

QUE est *conjonction* quand il unit deux membres de phrase : *je désire* QUE *vous soyez heureux.*

EXERCICE. — *(L'élève dira si que est pronom, adverbe ou conjonction.)*
La leçon *que* j'ai lue est facile. Le problème *qu'*on m'a donné est difficile. Les personnes *que* vous avez mandées sont arrivées. *Que* le temps est précieux ! *que* la vie est courte ! Je veux *que* vous soyez polis et obéissants.

245.—Modèle d'analyse.

Un sage a dit *que* l'instruction est un trésor , *tandis que* l'ignorance est un fardeau honteux.

Que	conjonction , mot invariable.
Tandis que	conjonction composée.

CHAPITRE X.

Dixième espèce de mots. — LES INTERJECTIONS.

***246.** — L'*interjection* est un mot *invariable* qui sert à exprimer les sentiments subits de l'âme, comme la *joie,* la *douleur,* etc.

***247.** — Les principales interjections sont : *ah !* *hélas ! oh ! hein ! chut ! paix ! silence ! bon !* etc.

***248.** — On appelle *interjection composée* une interjection formée de plusieurs mots : *hé bien ! hé quoi ! fi donc !* etc.

249.—Les interjections sont suivies d'un point exclamatif. (!)

250.—Modèle d'analyse.

Ah !	interjection, mot invariable.
Hé bien !	interjection composée.

EXERCICE. — *(L'élève soulignera les interjections.)*
Hélas ! ayez pitié de moi. Oh ! que je souffre. Hein ! que voulez-vous ? Chut ! que je n'entende pas un mot. Silence ! Messieurs. Bravo ! cela va bien. Holà ! ne faites pas tant de bruit.
Hé bien ! avez-vous réussi ? Hé quoi ! vous consentiriez à mal faire ; fi donc !

Modèle d'analyse sur toutes les espèces de mots.

Le	art. simple au masc. singulier.
ciel	nom com. du masc. sing.
est	verb. *être*, à la 3ᵉ pers. du sing. du prés. de l'ind., 4ᵉ conj., ayant pour sujet *ciel*.
beau.	adj. qualif. au masc. sing., qualifie *ciel*.
Il	pron. pers., 3ᵉ pers. du sing.
a	v. transitif *avoir*, à la 3ᵉ pers. du sing. du présent de l'ind., 3ᵉ conj., ayant pour sujet IL et pour comp. direct *courage*.
du	art. comp. mis pour *de le ; de*, prép. prise *dans un sens partitif. (a)*
courage.	nom com. masc. sing.
On	pron. indéf., 3ᵉ pers. du sing.
fauche	v. transitif *faucher*, à la 3ᵉ pers. sing. du prés. de l'ind., 1ʳᵉ conj., ayant pour sujet *on*, et pour compl. direct *blés*.
les	art. simp. au pluriel,
blés	nom com. masc. pluriel.
pendant	préposition, mot invariable. (b)
le	art. simple masculin sing.
mois	nom com. masc. sing., compl. ind. de *fauche*.
d'	mis pour *de*, préposition, invariable.
août	nom com. masc. sing., comp. ind. de *mois*.
pour	préposition, mot invariable.
les	pron. pers., 3ᵉ pers. du pluriel.
récolter	v. transitif au présent de l'infinitif, 1ʳᵉ conj., complém. ind. de *fauche. Récolter* a pour complém. direct *les*.
ensuite.	adv. de temps, mot invariable.
Les	art. simpl. au pluriel
dames	nom com. du fém. plur.
que	pron. conj. remplaçant *dames*. 3ᵉ pers. du fém. plur.
vous	pron. pers., 2ᵉ pers. du pluriel.
avez vues	v. transitif *voir*, à la 2ᵉ pers. plur. du passé indéfini, 3ᵉ conj., ayant pour sujet *vous*, et pour comp. dir. *que*.
sont allées (d)	verb. intransitif *aller*, à la 3ᵉ pers. plur. du passé indéfini, 1ʳᵉ conj., ayant pour sujet *dames*.
se promener.	verb. pron. acc., prés. de l'inf., 1ʳᵉ conj., ayant pour comp. dir. *se*.
Il	pron. pers., 3ᵉ pers. du sing.
faut	v. unipersonnel *falloir*, à la 3ᵉ pers. sing. du présent de l'ind., 3ᵉ conj., ayant pour sujet *apparent* IL. (c)
que	conjonction, mot invariable.
chacun	pron. indéf., 3ᵉ pers. du sing.
se conduise	v. pronom. accident., 3ᵉ pers. sing. du prés. du subjonctif, 4ᵉ conj., ayant pour sujet *chacun* et pour comp. direct *se*.
selon	préposition, mot invariable.
son	adj. possessif au mascul. sing. qui déterm. *âge*.
âge.	nom com. masc. sing., compl. ind. de *se conduire*.
Oh !	interjection, mot invariable.
que	adv. de quantité, mot invariable.
nous	pron. pers., 1ʳᵉ pers. du plur.
sommes	v. être, 1ʳᵉ pers. plu. du prés. de l'ind., 4ᵉ conj. ayant p. sujet *nous*.
fatigués ! (e)	partic. pass. du verbe *fatiguer*, au masc. plur., qualif. *nous*.

(a) *De* pris dans un sens *partitif* signifie *quelque*.
(b) En général, une préposition indique un complément *indirect*. (N° 162.)
(c) Le sujet *réel* est ce qui suit.
(d) Le participe passé d'un verbe *intransitif* se réunit à l'auxiliaire *être*.
(e) Le participe passé d'un verbe *transitif* se sépare du verbe *être* qui précède

CHAPITRE XI.

Remarques sur chaque espèce de mots.

I.— Remarques sur les *noms.*

252.—Noms masculins : *âge, air, amadou, autel, hôtel, automne, centime, cigare, crabe, éloge, évangile, exemple, gages. incendie, ivoire, légume, omnibus, orage, ouvrage, paraphe, platine, pleurs, salsifis, reproche, vivres.*

253.—Noms féminins : *ancre, encre , armoire, atmosphère, écritoire, enclume, horloge, huile, image, insulte, sandaraque, sentinelle, stalle, ténèbres.*

254. — Amour, délice et **orgue** sont masculins au singulier et féminins au pluriel : UN VIOLENT *amour,* de FOLLES *amours ; un* GRAND *délice,* de GRANDES *délices ; un* BON *orgue,* de BONNES *orgues.*

255 — Gens. — L'adjectif qui précède immédiatement le mot *gens* se met au féminin ; dans les autres cas , il se met au masculin ; ex. : *les* VIEILLES gens *sont* DÉFIANTS.

256.—On appelle *noms composés* des noms formés de plusieurs mots joints par un trait-d'union. Ex. : *cheflieu, essuie-main,* etc.

257. — Quand un *nom composé* est formé *de deux noms* ou *d'un nom et d'un adjectif ,* ils prennent tous deux la marque du pluriel : *un* CHOU-FLEUR, *des* CHOUX-FLEURS ; *une* BELLE-MÈRE, *des* BELLES-MÈRES.

258. — Quand un *nom composé* est formé *de deux noms unis par une préposition ,* le premier seul se met au pluriel. Ex. : *un* ARC-EN-CIEL , *des* ARCS-EN-CIEL.

259.—On écrit : un *casse-noisette ,* des *casse-noisettes ;* un *cure-dent,* des *cure-dents ;* un *essuie-main,* des *essuie-mains ;* un *porte-crayon,* des *porte-crayons ;* un *sous-lieutenant,* des *sous-lieutenants ;* un *tire-botte,* des *tire-bottes.* (Acad.)

260. —Les noms composés suivants sont invariables : *à-compte, contre-poison, coq-à-l'âne, garde-manger. passe-partout, porte-drapeau. porte-mouchettes, pot-au-feu, serre-tête. réveille-matin, pied-à-terre , tête-à-tête.*

II. — Remarque sur l'article.

261. — Lorsqu'un nom est pris *dans un sens partitif ,* c'est-à-dire qu'il ne désigne *qu'une partie* des objets dont on parle , au lieu de *du , des . de la ,* on met *de* avant ce nom *s'il est précédé d'un* adjectif ; ex. : *voici* DE *beaux jardins,* DE beaux *blés,* DE belles *orges,* etc.

III.— Remarques sur les adjectifs.

262.—Nu et demi. Les adjectifs *nu* et *demi* placés *avant les noms* sont *invariables.* Ex. : NU-*tête,* DEMI-*heure.*

Nu et *demi* placés *après* les noms sont variables ; ex.: *cet enfant marche pieds* NUS *depuis deux heures et* DEMIE.

Demi ne prend une s que lorsqu'il est *nom commun.* Ex. : *cette horloge sonne les* DEMIES.

N°° 252, 253, 254 et 255 —(*L'élève fera accorder les adjectifs.*

Cet homme est d'un âge *avancé* L'encre *noir* n'est pas *cher*.
L'air est *vif*. *Cet* armoire est *vieil*. Voici *un bel* écritoire , *un bel*
encrier. Le prêtre a dit la messe *au grand* autel. Il y a dans ce
village plusieurs *bon* hôtels. On m'a donné *un* centime. Ce monsieur fume *un* cigare. Nous avons *un bel* horloge et *un beau*
pendule. On lui adressa de *grand* éloges. Suivez les *bon* exemples
de vos parents. Ce domestique a de *bon* gages. *Ce petit* image
est très-*joli*. *Un affreux* incendie a éclaté. Voici de *bon* légumes,
d'*excellent* salsifis. *Cet* omnibus est très-*léger*. Votre stalle est
mal *disposé* Notre ouvrage est bien *fait*. Elle a versé des pleurs
abondant. Les vivres seront *cher cet* année. Les *pur* délices du
ciel. Les *excellent* orgues de l'église Saint-Denis. Les avares sont
de bien *sot* gens. Les gens *sensé* méprisent les orgueilleux. On
se moque des *vieux* gens qui veulent faire les *joli*.

256 et 257.— Les préfets habitent les *chef-lieu* de département.
Les *rouge-gorge* sont de gentils oiseaux. Ce jardinier vend des
chou-fleur. Les *belle-mère* sont souvent des marâtres. Les
chauve-souris ne se montrent que le soir.

258.— Les *arc-en-ciel* sont les signes de la clémence de Dieu.
Les *eau-de-vie* de Cognac sont très-estimées. Ces *ciel-de-lit* sont
fort élégants. Avez-vous vu des *ver-à-soie*? C'est la vertu et le
mérite, et non les *arc-de-triomphe*, qui font les grands hommes.

259.— Les *sous-lieutenant* portent l'épaulette sur l'épaule droite.
Il y a autant de *sous-préfet* que de *sous-préfecture*. Ne faites pas
de bruit en posant vos *porte-crayon* sur la table. Apportez-moi
un *essuie-main*. Dites au menuisier de me faire un *tire-botte*. Le
quincaillier vend des *tire-bouchon* et des *casse-noisette*.

260.— Les *porte-drapeau* doivent être courageux. Mithridate
portait toujours avec lui plusieurs *contre-poison*. Une mauvaise
conscience est le plus vigilant des *réveille-matin*. Placez vos
garde-manger dans un endroit frais et aéré. L'or et l'argent sont
les meilleurs *passe-partout*. Les jeunes gens étourdis font souvent
des *coq-à-l'âne*.

261.—(*L'élève choisira l'expression convenable.*)

Votre père a acheté *de du* beau papier et *de, de la* bonne
encre. Aimez les personnes qui vous donnent *de des* bons conseils et *de des* bons exemples. Beaucoup d'hommes sont *de des*
vieux enfants. Avec *de des* bons outils , un ouvrier inhabile fait
souvent *de, de la* mauvaise besogne. Vite à table , voici *de , de la*
bonne soupe , *de du* bon vin , *de des* bonnes côtelettes et d' *des*
excellents légumes.

262.—(*L'élève fera accorder les mots* nu *et* demi.)

Henri IV, dans sa jeunesse, marchait souvent *nu*-pieds et tête
nu. Certains artisans travaillent *nu*-tête et pieds *nu*. Une *demi*-
heure bien employée suffit pour faire beaucoup de choses. Vous
pouvez parcourir un *demi*-hectomètre en une *demi*-minute.
Quatre-vingt-dix minutes font une heure et *demi*. Vingt-cinq
décimètres font deux mètres et *demi*. Deux *demi* font un entier.
Cette pendule n'a pas sonné la *demi* , parce qu'elle ne sonne pas
les *demi*.

263 — Excepté *vingt* et *cent*, les adjectifs numéraux cardinaux ne prennent jamais d's : *ils sont venus tous les* QUATRE.

264. — **Cent** au pluriel, et **vingt** dans *quatre-vingts* prennent une s quand ils ne sont pas suivis d'un autre nombre. Ainsi, on écrit avec s : *deux* CENTS *hommes*, *quatre-*VINGTS *francs*, et sans s : *deux* CENT dix *hommes*, *quatre-*VINGT cinq *francs*.

265.— *Vingt* et *cent* sont invariables quand ils sont mis pour *vingtième, centième : chapitre quatre-*VINGT. *l'an huit* CENT.

266. — **Mille** s'écrit de trois manières :

1° *Mil*, pour la date ordinaire des années : *l'an* MIL *huit cent trente ;*

2° *Mille*, pour signifier dix fois cent : *six* MILLE *francs ;*

3° *Mille*, au sing., *milles* au plur., pour désigner une longueur de chemin : *trois* MILLES *font environ une lieue.*

267. — **Même** est adjectif et *variable* : 1° quand il est *avant* un *nom*. Ex. : *ce sont les* MÊMES *personnes.*

2° Quand il est *après un pronom* ou *un seul nom*. Ex. : *ce sont elles-*MÊMES. *Nos amis* MÊMES *viendront.*

268. — *Même* est adverbe et *invariable* : 1° quand il est *après un verbe* et qu'il n'est pas précédé de l'article. Ex. : *ces ouvriers travaillent* MÊME *la nuit ;*

2° Lorsqu'il est *après plusieurs noms*. Ex. : *les pauvres, les grands, les riches* MÊME *ont des peines.*

269. — **Quelque** suivi d'un *nom* est adjectif et variable. Ex. : QUELQUES *enfants étudiaient.*

270. — *Quelque* suivi d'un *adjectif*, d'un *participe* ou d'un *adverbe*, est adverbe et invariable. Ex. : QUELQUE *savants que vous soyez*, QUELQUE *instruits que nous soyons*, QUELQUE *adroitement qu'elles s'y prennent.*

271. — REMARQUE. — Si l'adjectif qui vient après *quelque* est suivi d'un *nom, quelque* s'accorde avec le nom : *on m'a prêté* QUELQUES *bons livres.*

Cependant, si *quelque* suivi d'un *adjectif* et d'un *nom* signifie QUOIQUE, il est adverbe et invariable. Ex. : QUELQUE *bons musiciens qu'ils soient*, c'est-à-dire QUOIQU'*ils soient bons musiciens.*

272. — *Quelque* suivi d'un *verbe* s'écrit en deux mots : *quelque ; quel* s'accorde en genre et en nombre *avec le sujet* du verbe, et *que* est invariable. Ex. : QUEL QUE *soit notre talent*, QUELLE QUE *soit notre fortune*, QUELLES QUE *soient nos richesses, nous ne devons mépriser personne.*

263. — Deux *un* suivis de deux *quatre* font 1144. Les *douze* apôtres firent la Cène avec Jésus-Christ. Les cinquante-*quatre* premiers papes sont honorés comme saints dans l'Eglise. Nommez les *quatre* saisons ?

264. — Ce diamant vaut cinq *cent* francs. Aucun roi de France n'a vécu quatre-*vingt* ans. Le son parcourt trois *cent* quarante-trois mètres par seconde. La France se divise en quatre-*vingt*-six départements. Il y a quatre *cent* ans, on ne connaissait point le tabac en Europe. La religion mahométane n'existe que depuis l'an six *cent vingt*-deux. Adam vécut plus de neuf *cent* ans.

265. — Charlemagne fut couronné empereur l'an huit *cent*. Voyez à la page quatre-*vingt* de votre livre, numéro deux *cent*. Je sais déjà deux *cent* numéros, je saurai bientôt les *vingt* suivants.

266. — Napoléon naquit l'an *mil*... sept cent soixante-neuf. Saül mourut *mil*... quarante ans avant J.-C. Sur deux *mil*.. personnes qui naissent, il n'y en a pas quatre-*vingt*-dix qui atteignent l'âge de quatre-*vingt* ans — Les meilleures terres de ce pays se paient cinq *mil*... francs l'hectare. Un bon cheval peut parcourir trois *mil*... en six minutes. Les *mil*... sont marqués sur les cartes à côté des myriamètres.

267. — Les élèves de la *même* division doivent avoir les *même* livres, car ils font les *même* devoirs et apprennent les *même* leçons. Les véritables amis sont d'autres nous-*même*. Jésus disait : si les enfants se taisent, ces pierres *même* parleront. Les bienfaits *même* veulent être assaisonnés par des manières obligeantes.

268. — Tous les hommes doivent travailler, *même* les plus paresseux. Nos devoirs sont les *même*. Les Egyptiens adoraient les animaux, les plantes *même*. Les criminels n'osent pas *même* lever les yeux. Craignez la haine, la persécution, les caresses *même* des méchants. Tout périt, *même* les plus grands empires. Le Seigneur nous ordonne d'aimer *même* nos ennemis.

269. — Nous partirons dans *quelque* jours. *Quelque* personnes croient aux songes. Que ne ferions-nous point pour *quelque* pièces de monnaie? *Quelque* crimes toujours précèdent les grands crimes.

270. — *Quelque* riche, *quelque* élevé que nous soyons, nous devons être honnêtes. *Quelque* adroitement qu'ils s'y prennent, vos amis ne réussiront pas. Deux avocats, *quelque* fâchés qu'ils paraissent et *quelque* durement qu'ils se traitent à l'audience, en sortent toujours bons amis.

271. — J'ai reçu *quelque* utiles conseils. *Quelque* jeunes soldats gagnèrent cette bataille. *Quelque* célèbres navigateurs ont fait le tour du monde.—*Quelque* bons ouvriers qu'ils soient, ils ne pourront exécuter ce travail. *Quelque* grands biens que vous ayez, vous serez malheureux si vous n'êtes pas vertueux.

272. — *Quel que* soit notre esprit, n'en tirons point vanité. Respectez vos parents, *quel qu*'ils puissent être. *Quel que* soit votre tâche, il faut la remplir. *Quel que* soient les lois, nous devons les respecter. *Quel qu*'aient été leurs richesses, ces personnes sont maintenant bien pauvres. J'écouterai vos raisons *quel qu*'elles soient.

273. — **Tout** est adjectif et s'accorde quand il est avant un nom ou qu'il exprime la totalité des personnes ou des choses. Ex. : TOUS *les hommes*, TOUTES *les femmes. Nous mourrons* TOUS.

274. — *Tout*, signifiant *tout-à-fait, quelque*, est adverbe et invariable : *elle est* TOUT *étonnée*, c'est-à-dire TOUT-A-FAIT *étonnée*.

275. — *Tout*, quoique adverbe, varie quand il est suivi *d'un adjectif féminin* commençant par une *consonne* ou une *h aspirée*. Ex. : *elle est* TOUTE *honteuse et* TOUTE *prête à pleurer.*

276. — Ne dites pas : *ces livres coûtent deux francs* CHAQUE ; dites : *deux francs* CHACUN.

IV. — Remarques sur les Pronoms.

PRONOMS PERSONNELS.

277. — **Nous** mis pour *je* et VOUS mis pour *tu* veulent le *verbe* au pluriel, mais le *participe* ou *l'adjectif* suivant reste au singulier : *mon fils*, VOUS serez ESTIMÉ *si* VOUS êtes SAGE. NOUS, SOUSSIGNÉ, *maire de Rouen*...

278. — **Leur** prend une s quand il est suivi d'un nom *pluriel*. Ex. : LEURS *cahiers sont bien tenus.*

Mais *leur* ne prend pas d's quand il est joint à un verbe, parce qu'alors il est pronom personnel. Ex. : *on* LEUR *a donné un prix ; parlez-*LEUR.

PRONOMS DÉMONSTRATIFS.

279. — CELUI-CI, *celle-ci, ceci*, etc., s'emploient pour désigner les objets les plus proches, tandis que *celui-là, celle-là, cela*, etc., désignent les objets les plus éloignés. Ex. : *voici deux livres ;* CELUI-CI (le plus près) *est à mon frère*, CELUI-LA (le plus éloigné) *est à ma sœur.*

280. — *Celui-ci* désigne encore l'objet dont on vient de parler, et *celui-là* la chose dont on a parlé d'abord. Ex : *Jules et Charles sont d'un caractère bien différent :* CELUI-CI (Charles) *pleure toujours*, CELUI-LA (Jules) *rit sans cesse.*

PRONOMS CONJONCTIFS OU RELATIFS.

281. — Les pronoms conjonctifs *qui, que* doivent, autant que possible, être placés *auprès* du mot qu'ils réprésentent. Ainsi, au lieu de dire : *il y a plusieurs* PAGES *dans ces manuscrits* QUI *sont illisibles*, on doit dire : *il y a dans ces manuscrits plusieurs* PAGES QUI *sont illisibles.*

282. — Qui, précédé d'une préposition, ne se dit pas *des choses*, mais seulement *des personnes*. Ne dites donc pas : *le travail à* QUI *je m'applique ;* dites : AUQUEL *je m'applique.*

283. — Ne dites pas : *c'est* A VOUS A QUI *je m'adresse*, *c'est* DE VOUS DONT *je parle* ; dites : *c'est* A VOUS QUE *je m'adresse*, *c'est* DE VOUS QUE *je parle.* — Un verbe ne peut avoir deux compléments indirects *pour exprimer le même rapport.*

273. — Faites *tout* vos efforts pour vous corriger de vos défauts. *Tout* nos bonnes œuvres doivent être faites en vue de Dieu. Lors du déluge, *tout* les hommes et *tout* les bêtes qui n'étaient point dans l'arche périrent dans les eaux. *Tout* amitié qui n'est pas fondée sur l'estime n'est pas durable. Ils parlent *tout*, elles parlent *tout*.

274. — On dit que la chouette ne pond que trois œufs *tout* blancs et *tout* ronds. *Tout* aimables que paraissent ces jeunes filles, elles ont leurs défauts. J'ai appris par cœur deux numéros *tout* entiers. Nous avons lu dix pages *tout* entières. Ils parlent *tout* haut.

275. — *Tout* instruite et *tout* savante même qu'est une femme, elle ne doit se faire remarquer que par sa modestie. Votre sœur a commis une *tout* petite faute, elle en est *tout* honteuse.

Nos 273 à 275 — Votre tante sera tou.. heureuse de nous voir, allons tou... au-devant d'elle. Cette dame paraît tou... étonnée, tou... surprise. Ces jeunes personnes, tou... instruites et tou... bonnes qu'elles sont, ne plaisent pas à tou... le monde. Promettre est facile, mais tenir c'est une tou... autre chose. (274.)

277. — Nous (pour *je*) ne sommes pas *digne* de votre amitié. C'est vous-*même*, Monsieur, qui avez reçu la lettre dont il s'agit. C'est vous-*même*, Messieurs, qui l'avez reçue. Mon ami, si vous êtes *poli*, *docile*, *complaisant* et *instruit*, vous serez *connu*, *aimé* et *recherché* de tous les honnêtes gens.

278. — Les enfants doivent aimer *leur* parents et *leur* obéir. Nous *leur* avons aidé à porter *leur* fardeau. Ces élèves faisant toujours *leur* devoirs, nous *leur* adressons souvent des éloges. Ces demoiselles demandent à voir *leur* frères ; elles auraient le désir de *leur* dire quelques mots ; elles voudraient *leur* faire *leur* adieux avant *leur* départ. Les fils de Jacob prièrent Joseph de *leur* vendre du blé. Ils furent très-surpris de retrouver *leur* argent dans *leur* sacs. Demandez-*leur* quels sont *leur* revenus.

279. — Prenez *ceci*, rapportez-moi *cela*. De ces deux personnes, celle--- (la plus proche) paraît plus spirituelle que *celle*---.

280. — Le corps périt et l'âme est immortelle ; cependant on néglige celle---, et tous les soins sont pour celui---. La santé et la richesse sont deux excellentes choses, mais à quoi servent celles-- sans celle--? Esther a dix ans, Pauline en a douze : celle-- est l'aînée, celle-- est la plus jeune. J'aime mieux la rose que la tulipe : celle-- est sans odeur, celle-- exhale un parfum délicieux.

281 — (*L'élève corrigera, s'il y a lieu, les phrases suivantes.*)
Il y a un *Dieu* au dessus de moi *qui* est juste et bon. Il y a des *usages* dans ces contrées *qui* nous ont paru ridicules. On trouve des *chemins* de fer dans ces pays *qui* ont cent lieues de long.

282. — Le livre *dans qui* je lis est fort intéressant. Le maître *avec qui* je travaille est très-complaisant. La plume *avec qui* j'écris ne vaut rien. Le cheval *sur qui* j'étais monté est d'un grand prix. Le pauvre n'est pas toujours bien accueilli de ceux *à qui* il s'adresse. Le soleil, *autour de qui* tournent les planètes, est à trente-quatre millions de lieues de nous.

283. — C'est à *vous*, Messieurs, *à qui* je m'adresse. C'est de *vous-même de qui* je parle. C'est *pour lui pour qui* je travaille. C'est *en Dieu en qui* nous devons mettre notre confiance.

V. — Remarques sur les Verbes.

284. — On ne doit se servir du *passé défini* qu'en parlant d'un temps entièrement écoulé. Il ne faut donc pas dire : J'ÉCRIVIS *aujourd'hui, cette semaine, cette année*, parce que *le jour, la semaine, l'année* ne sont pas encore passés. Mais on dit bien : J'ÉCRIVIS *hier, la semaine dernière, l'an passé*, etc.

EMPLOI DU SUBJONCTIF.

285. — On met le subjonctif : 1º après les verbes qui marquent le *doute*, le *désir*, la *crainte*, le *commandement*, etc. Ex. : *je* DÉSIRE, *je* VEUX *que vous* EMPLOYIEZ *bien votre temps*.

2º Après les verbes accompagnés d'une négation. Ex. : *je* NE CROIS PAS *que vous* GAGNIEZ *votre procès*.

3º Après les verbes unipersonnels *il faut, il importe, il convient, il est possible*, etc. Ex. : IL FAUT *que nous* PRIIONS *Dieu*.

4º Après certaines conjonctions, comme *afin que, pour que, à moins que, avant que, de crainte que, de peur que, pourvu que*, etc. Ex.: *je vous écris* POUR QUE *vous m'*ENVOYIEZ *des nouvelles*.

Emploi des temps du subjonctif.

Pour savoir quel temps du subjonctif on doit employer, il faut examiner *à quel temps est le verbe précédent*.

286. — 1ʳᵉ RÈGLE. — Quand le premier verbe est au *présent* ou au *futur* de l'indicatif, on met le second *au présent* du subjonctif.

Ex. : *Il faut*
     Il faudra } que je *récite* ma leçon.

287. — 2ᵉ RÈGLE. — Si le premier verbe est à l'*imparfait*, aux *passés*, au *plus-que-parfait* de l'indicatif ou au *conditionnel*, on met le second verbe à *l'imparfait* du subjonctif.

Ex. : *Il fallait*
    Il fallut
    Il a fallu
    Il eût fallu
    Il faudrait
    Il aurait fallu } que je *récitasse* ma leçon.

Ces deux règles ont des exceptions.

DE L'INFINITIF.

288. — Tout verbe précédé d'une *préposition* se met à l'infinitif. Ex.: *je viens* DE *parler à votre père*.

289. — Quand il y a deux verbes de suite, on met le second à l'infinitif. Ex.: *il* FAUT *parler sobrement de soi*.

290 — Cependant, si le premier verbe est *avoir* ou *être*, le second est *au participe passé*, parce qu'alors les deux verbes forment un temps *composé*. Ex. : *j'ai* étudié, *tu es* entré.

Ces règles ont quelques *rares* exceptions.

284. — *J'allai, je suis allé* aujourd'hui chez mon oncle ; *je l'ai trouvé, je le trouvai* très-occupé. *J'ai écrit, j'écrivis* cette semaine à votre père ; sa réponse *est arrivée, arriva* ce matin. Je désire que vous veniez me voir demain, comme vous me *le promîtes, l'avez promis* ce mois-ci. *Je négligeai, j'ai négligé* mes devoirs cette année, mais je les ferai mieux l'année prochaine. Ce soir, en lisant votre lettre, *j'ai éprouvé, j'éprouvai* une vive satisfaction.

(Rendre compte de l'emploi des mots en italique.)

285. — Je crois que vous *avez* tort.
Je doute que vous *ayez* tort.
On voit que je *suis* très-diligent.
On désire que je *sois* très-diligent.
Je pense que vous ne *contrariez* point vos parents.
Je crains que vous ne *contrariiez* vos parents.
Chacun sait que je *remplis* bien mes devoirs.
Dieu veut que je *remplisse* bien mes devoirs.
Je pense que je *puis* jouer de temps en temps.
Je ne pense pas que je *puisse* jouer sans cesse.
Je sais que je *dois* rendre le bien pour le mal.
Je ne sache pas que je *doive* rendre le mal pour le mal.
Il faut que nous *travaillions* à nous acquitter de nos devoirs.
Il convient que nous nous *défiions* constamment de nos forces.
Qui suis-je, Seigneur, pour que vous *daigniez* jeter les yeux sur moi ?
Je ferai l'aumône à moins que je n'*aie* rien à donner.
Conduis-toi toujours de manière que tes parents *soient* contents de toi.

286 et 287. — On veut que je *dise* toujours la vérité.
On voudra que je *dise* toujours la vérité.
Mes parents voudraient que je *disse* toujours la vérité.
Il faut que je me *corrige* de mes défauts.
Il faudra que je me *corrige* de mes défauts.
Il faudrait que je me *corrigeasse* de mes défauts.
Il faut que j'*écrive* lisiblement.
Il faudrait que j'*écrivisse* lisiblement.
Je n'aime point que l'on me *trompe*.
Je n'aimerais point qu'on me *trompât*.
Je suis bien fâché que l'on *dise* du mal de moi.
Je serais bien fâché que l'on *dît* du mal de moi.
Nous serions bien fâchés que l'on *parlât* mal de nous.
Il n'est pas juste que je *m'empare* du bien d'autrui.
Il ne serait pas juste que je *m'emparasse* du bien d'autrui.

288. — Je demande à *parlé parler*. Elle vient de *chanté chanter*. Nous commencerons par *dîné dîner*. L'homme est né pour *travaillé travailler*. Jules lit sans *épelé épeler*.

289. — Il faut *étudié étudier* attentivement. On pourra *joué jouer* tantôt. On doit *récité réciter* sa leçon couramment. Nos parents, nous devons les *aimé aimer*. J'espère *allé aller* vous voir avant de *partir partirent*.

290. — J'ai *passé passer* par Paris. Je suis *allé aller* voir mon ami. Un jeune homme vertueux est *estimé estimer* de tout le monde.

REMARQUES SUR L'ACCORD DU VERBE AVEC SON SUJET.

291. — Quand les sujets sont unis par *ou*, le verbe s'accorde *avec le dernier*.

Ex.: *Mon* FRÈRE OU *ma* SOEUR VIENDRA.

Mon FRÈRE OU *mes* SOEURS VIENDRONT.

292. — Cependant, le verbe se met toujours au pluriel, 1° si les sujets sont de différentes personnes : *mon* FRÈRE OU MOI FERONS *ce travail* ; 2° si *ou* a la valeur de *et : la* PEUR *ou le* BESOIN FONT *tous les mouvements de la souris.*

293. — Quand les sujets sont unis par *comme, ainsi que, aussi bien que,* etc., le verbe s'accorde *avec le premier sujet.* Ex.: *le* PAUVRE, *comme le* RICHE, EST *sujet à la mort.*

Accord du verbe avec les noms collectifs.

294 — On appelle *collectifs* des noms qui désignent une *collection,* une réunion de personnes ou de choses, comme *une troupe, une foule, une quantité, une multitude,* etc.

295 — Il y a deux sortes de *collectifs* : les collectifs *généraux,* presque toujours précédés de *le* ou *la :* la TOTALITÉ *des hommes;*

Et les collectifs *partitifs,* précédés de *un, une :* une FOULE *de gens.*

296. — Le verbe qui a pour sujet *un collectif* suivi d'un complément, s'accorde avec le collectif *s'il est général.* Ex. : *la* TOTALITÉ *des hommes* CRAINT *la mort.*

Mais si le collectif est *partitif,* on fait accorder le verbe *avec le complément : une foule* D'OISEAUX CHANTAIENT *dès le matin.*

REMARQUE.—Le collectif *la plupart* et les adverbes *peu, bien* et *beaucoup* ayant toujours un sens partitif, le verbe s'accorde avec le mot qui suit : *la plupart des enfants* PRÉFÈRENT *le jeu à l'étude.*

297. — *Ce* devant le verbe *être* veut ce verbe au singulier, excepté quand il est suivi d'un mot de la 3e personne du pluriel. On dit donc : C'EST *moi,* C'EST *toi,* C'EST *lui,* C'EST *nous,* C'EST *vous* ; mais il faut dire : *ce* SONT *eux, ce* SONT *elles, ce* SONT *vos parents qui ont bâti cette maison.*

298.—Le pronom conjonctif *qui* étant toujours au même nombre et de la même personne que le mot qu'il remplace (n° 100), il ne faut pas dire : *c'est* MOI QUI AS *vu et* QUI EST *venu,* mais bien : *c'est* MOI QUI AI *vu et* QUI SUIS *venu,* parce que le sujet *qui,* représentant *moi,* est de la première personne.

299. — REMARQUE. — En parlant de plumes, de livres, etc., si on dit : *je vous* LES DONNE, *je vous* LES ENVOIE, il faut bien se garder d'écrire *donne* et *envoie* avec une *s,* puisque ces deux mots sont des verbes dont le sujet est *je,* vu que le sens de la phrase est JE DONNE *à vous les plumes,* etc.

291. — Mon oncle ou ma tante arrive... ce soir. Mon oncle ou mes tantes arrive... ce soir. Mon cousin ou ma cousine vien... demain. Mon cousin ou mes cousines vien... demain.

292. — Vous ou moi *parlerai parlerons* en sa faveur.
Est-ce vous ou votre frère qui me *paiera paierez ?*
Il n'y a rien que la haine ou la jalousie ne fasse... dire.

293. — L'éléphant, comme le castor, aime .. la société de ses semblables. L'homme le plus robuste, ainsi que le plus faible, ne peu... compter sur une heure de vie. Notre vie, ainsi qu'une vapeur légère, ne dure... qu'un moment.

294 et 295. — *(L'élève, après avoir souligné les collectifs, mettra un G sur les généraux et un P sur les partitifs.)*
La moitié des passagers périt dans les flots. Une foule de gens croient que le soleil tourne autour de la terre. Un grand nombre de personnes moururent du choléra. Le nombre des blessés était considérable. Une troupe de jeunes filles chantaient un cantique admirable. Une foule de jeunes gens regrettent trop tard d'avoir si peu profité des leçons de leurs maîtres. La plupart des enfants préfèrent le jeu au travail.

296. — *(L'élève choisira l'expression convenable.)*
La foule des curieux *s'arrêta, s'arrêtèrent* devant ma porte. Une foule de curieux *fut, furent* blessés. Une multitude d'hommes se *réunit, réunirent* au Champ-de-Mars. Cette assemblée de savants *s'est, se sont* occupé... d'une grave question. Une infinité de jeunes gens se perd... en lisant de mauvais livres. Dans ce monde, la moitié des humains ri... aux dépens de l'autre moitié. Un grand nombre d'ouvriers qui espérai... faire fortune, mouru... de misère et de faim. Une foule de personnes se pressai .. sur le passage du prince. La plupart des parfums *viennent* (par except.) de l'Orient. La plupart des hommes ne connai... pas leurs véritables intérêts.

297. — *C'est, ce sont* vos sœurs que j'ai rencontrées ce matin. *C'est, ce sont* mes enfants qui font tout mon bonheur. *C'est, ce sont* vous, Ernest et Paul, qui avez remporté les premiers prix. *C'est, ce sont* nous qu'on a chargés d'annoncer cette triste nouvelle. *C'est, ce sont* mes voisins qui m'ont engagé à sortir aujourd'hui.

298. — Toi qui *es est* entré dans cette église, qu'en trouves-tu ? Toi qui *connais connaît* cette personne, qu'en penses-tu ? Le Seigneur dit à David : Ce ne sera pas toi qui bâtira. . mon temple. Moi qui *ai, as, a* vu Paris, je puis vous en parler. C'est moi qui *m'intéresse s'intéresse* le plus à votre instruction. Nous sommes d'honnêtes ouvriers qui *travaillent travaillons* jour et nuit.

299. — Les enfants bien élevés obéissent dès qu'on les commande... On craint les méchants, mais on ne les aime... pas. Les maladies arrivent toujours sans qu'on les cherche... Nous les aperçûme... de loin. N'amassez point de trésors sur la terre, car la rouille les consume..., et les voleurs les déterre... et les ravisse...

VI. — Remarques sur les Adverbes.

300. — On ne doit pas dire : DESSUS *la terre*, DESSOUS *le ciel*, ALENTOUR *du jardin ;* il faut dire : SUR *la terre* , SOUS *le ciel*, AUTOUR *du jardin.*

301. — **Ne** se met toujours après *à moins que* , *de peur que* , *de crainte que* et le verbe *empêcher.* Ex.: A MOINS QU'*il* NE parte, et non pas : A MOINS QU'*il parte.*

302. — Après *avant que* , *sans que* et le verbe *défendre*, il ne faut jamais mettre *ne.* Ex.: AVANT QU'*il parte , j'ai* DÉFENDU *que vous fissiez cela.*

303. — Plus tôt, en deux mots, signifie *plus vite ;* c'est l'opposé de *plus tard.* Ex. : *il faut restituer le* PLUS TÔT *qu'on le peut.*

Plutôt , en un seul mot, marque la préférence. Ex. : *je recherche l'utile* PLUTÔT *que l'agréable.*

VII. — Remarques sur les Prépositions.

304. — **Au travers** veut être suivi de la préposition *de :* AU TRAVERS DE *la forêt* , AU TRAVERS DES *ennemis.*

A travers n'en est pas suivi : A TRAVERS *les ennemis.*

305. — **Voici** annonce ce qu'on va dire. Ex.: VOICI *ce que dit l'égoïste* : *Tout pour moi , rien pour les autres.*

Voilà rappelle ce qu'on vient de dire : *la foi , l'espérance et la charité,* VOILA *les vertus théologales.*

Voici sert encore à désigner un objet plus proche, et *voilà* un objet plus éloigné : VOICI *mon livre*, VOILA *le vôtre.*

306. — **Près de** , préposition composée, signifie *sur le point de ;* PRÊT A veut dire *disposé à.* Ne dites donc pas : *cet enfant est* PRÊT A *tomber ;* dites : PRÈS DE *tomber.*

VIII. — Remarques sur les Conjonctions.

307. — Parce que, en deux mots, signifie *attendu que.* Ex.: *j'aime Dieu* PARCE QU'*il est bon.*

PARCE CE QUE , en trois mots, signifie *par la chose que* ou *par les choses que :* PAR CE QU'*il dit , on voit qu'il a tort.*

308. — Quoique , en un mot, signifie *bien que.* Ex.: QUOIQUE *Louis soit pauvre, il est heureux.*

QUOI QUE , en deux mots, signifie *quelque chose que.* Ex.: QUOI QUE *nous fassions, Dieu nous voit.*

309. — Quand , écrit par un *d*, est une conjonction qui signifie *lorsque* ou *à quelle époque ?* Ex.: *venez* QUAND *vous voudrez.* — QUAND *partez-vous ?*

QUANT A, par un *t*, est une préposition composée qui signifie *à l'égard de.* Ex.: *on récompense les élèves qui ont bien travaillé ;* QUANT AUX *paresseux , on les punit.*

300. — Placez votre crayon *sur dessus* la table. Votre plume est *sous dessous* le banc. Il est très-difficile de se maintenir sage *dans dedans* la prospérité. La terre tourne *autour alentour* du soleil en l'espace d'un an. Il est toujours utile de réfléchir *avant auparavant* de parler. Mon cousin a *plus davantage* de fortune que moi. Ecrivez *avant auparavant* qu'il parte.

301. — Je sortirai demain à moins qu'il—pleuve. Ne faisons jamais le mal de peur que la mort—nous surprenne. Je vais écrire à ma sœur de crainte qu'elle—vienne. La pluie empêche qu'on—se promène aujourd'hui.

302. — On ne sort pas avant que l'heure *ne* soit venue. Mon oncle est arrivé sans que personne *ne* l'attendît. J'ai défendu que vous *ne* fissiez telle chose.

303. — Vous arrivez trop tard, il fallait venir plu...tôt. Plu...tôt mourir que d'offenser Dieu. Etudiez votre leçon — que de jouer. Si nos devoirs sont bien faits, nous sortirons—. Le vrai soldat meurt —que de rendre les armes. Une autre fois nous partirons —. Nous devons plaindre les insensés —que de nous en moquer. J'ai connu votre dessein — que vous ne pensez. — tout perdre—que de violer la loi de Dieu.

304. — Nous passâmes au travers *la, de la* forêt. Ils vinrent à travers *les des* champs. Nous errâmes longtemps à travers *les des* bois sans pouvoir retrouver notre chemin. Les enfants qui se jettent sans cesse à travers *la, de la* conversation sont insupportables.

305. — *Voici, voilà* deux choses qui vont rarement ensemble : le mérite et la modestie. Naître, souffrir et mourir, — notre destinée sur la terre. — trois choses extrêmement rares: bien parler des absents, ne railler personne et ne rien dire contre la vérité. Beaucoup de paroles et encore plus d'excuses, — ce qu'on trouve dans la plupart des hommes. Tout près de nous, — un petit village; plus loin, — un charmant côteau.

306. — Ce mur est *prêt à, près de* tomber. Mon cousin est *prêt à, près de* mourir. L'hiver est —finir. Cette dame est toujours — secourir les malheureux.

307. — Je vous punis *parce que* vous êtes coupable. Le soleil nous paraît petit—il est très-éloigné de nous. J'estime cette jeune personne — elle est modeste et vertueuse. — l'enfant répond, le maître voit s'il a compris sa leçon. — je fais, jugez de ce que je puis faire. Il ne faut pas juger les hommes—ils disent, mais ils — font.

308. — On ne croit pas les menteurs *quoiqu*'ils disent quelquefois la vérité. — il possède, l'avare ne dit jamais c'est assez. — on sache, on ignore bien des choses. —on soit riche, on peut être malheureux. — on pense, Dieu le sait. — on gagne, on ne peut s'enrichir si ont fait de folles dépenses. — la justice ne se vende pas, il en coûte beaucoup pour l'obtenir.

309. — *Quan*... on travaille, on ne pense pas à mal faire.— viendrez-vous ? Partez si bon vous semble, —à moi je reste. On est toujours petit — on n'est grand que par la vanité.

CHAPITRE XII.

De la Ponctuation.

510. — Il y a six marques pour indiquer, en écrivant, les endroits du discours où l'on doit s'arrêter ; ce sont : la *virgule* (,), le *point-virgule* (;), les *deux points* (:), le *point* (.), le *point interrogatif* (?) et le *point exclamatif* (!).

511. — On se sert de la *virgule* :

1° Pour séparer les *noms*, les *adjectifs* et les *verbes* qui se suivent. Ex. : *l'Europe, l'Asie, l'Afrique, l'Amérique et l'Océanie sont les cinq parties du monde.*

Ces jeunes enfants sont polis, dociles, aimables.

Boire, manger et dormir, c'est l'occupation des paresseux.

2° Pour séparer les *parties semblables* d'une même phrase quand elles ont peu d'étendue. Ex. : *le vent souffle, le tonnerre gronde, l'eau tombe par torrents.*

3° Pour remplacer un verbe sous-entendu. Ex. : *l'homme a toujours raison ; le destin, toujours tort.*

512. — REMARQUE. — Tout *mot* ou toute *réunion de mots* que l'on peut retrancher sans changer le sens de la phrase, se met entre deux virgules. Ex : *je pense, Monsieur, que vous avez raison. — Le bon Dieu qui est juste, rendra à chacun selon ses œuvres.*

513. — On se sert du *point-virgule* pour séparer les *parties semblables* d'une même phrase, quand elles sont d'une certaine longueur. Ex. : *on fait tout pour avoir un peu d'or ; on ne fait rien pour aller au ciel.*

514. — Les *deux-points* s'emploient :

1° Quand on rapporte les paroles de quelqu'un.

Ex. : *Dieu dit à Caïn : Où est ton frère Abel ?*

2° Avant un membre de phrase qui développe, *qui explique* ce qui précède.

Ex. : *Il faut, autant qu'on peut, obliger tout le monde :*
On a souvent besoin d'un plus petit que soi.

515. — Le *point* se met après une phrase entièrement finie.
Aimez qu'on vous conseille et non pas qu'on vous loue.

516. — Le *point interrogatif* se met à la fin des phrases où l'on interroge. Ex. : *que voulez-vous ? Qu'en pensent-ils ?*

517. — Le *point exclamatif* se met à la fin des phrases qui marquent la surprise, la joie, l'admiration, etc. *Que le Seigneur est bon ! Qu'il est glorieux de mourir pour sa patrie !*

518. — NOTA. — Les *parenthèses* ( ) servent à renfermer quelques mots, une note que l'on pourrait retrancher.
Ex. : *Je croyais, moi (jugez de ma simplicité),*
Que l'on devait rougir de la duplicité.

301. — (*L'élève mettra les virgules qui manquent*).

La France l'Angleterre la Russie l'Autriche et la Prusse sont les principaux pays de l'Europe. Les Suédois sont polis hospitaliers généreux et braves. Il faut que chacun de nous sache au moins lire écrire et compter. La prudence la sagesse et la modération sont des vertus utiles nécessaires indispensables à tout le monde. Cette personne est patiente douce bienfaisante. Les parents doivent nourrir instruire et corriger leurs enfants. L'orgueil l'envie la gourmandise la colère et la paresse sont des péchés capitaux. L'âne est aussi humble aussi patient aussi tranquille que le cheval est fier ardent impétueux. Se coucher de bonne heure et se lever matin sont les deux meilleurs moyens de conserver sa santé sa fortune et son jugement.

Quand on est enfant on parle en enfant on juge en enfant on raisonne en enfant La charité tolère tout elle croit tout elle espère tout elle souffre tout. Elle n'est point envieuse elle ne s'enfle point d'orgueil elle ne cherche point ses propres intérêts.

Janvier a trente et un jours; février vingt-huit ou vingt-neuf. Les vaches nous donnent leur lait; les brebis leur laine; les poules leurs œufs; les abeilles leur miel.

312. —Je crois Madame que vous avez tort. Mes petits enfants disait saint Jean aimez-vous les uns les autres. L'activité disait le célèbre Franklin est la mère de la prospérité. L'orgueil qui dîne de vanité fait son souper de mépris. Les vers-à-soie qui se nourrissent de feuilles de mûrier viennent de l'Asie. Le soleil qui semble parcourir un partie du ciel pendant le jour reste toujours à la même place.

313. — (*L'élève mettra les virgules et les points-virgules qui manquent.*)

Parler beaucoup et bien c'est le talent du bel esprit parler beaucoup et mal c'est le défaut des sots parler peu et bien c'est le caractère du sage. Saint Basile disait aux avares : Le pain et le vin que vous tenez enfermés sont à celui qui a faim et soif l'habit que vous cachez dans vos coffres est à celui qui est nu l'or et l'argent que vous enfouissez sont à ceux qui sont dans le besoin.

314. — (*L'élève mettra les signes qui manquent.*)

La reine Blanche disait à son fils Mon fils j'aimerais mieux vous conduire au tombeau que de vous voir commettre un péché mortel. Louis XII disait J'aime mieux voir les courtisans rire de mon avarice que de voir le peuple pleurer de mes dépenses.

Fuyez l'oisiveté c'est la mère de tous les vices. La vertu est nécessaire elle conduit au bonheur. Cet enfant restera toute sa vie dans l'ignorance il ne travaille pas. Cette pauvre mère est bien à plaindre elle vient de perdre son fils.

315. — Le disciple n'est pas au-dessus du maître

316.— Croyez-vous que l'oisiveté vous procure plus d'agrément que le travail — Qu'en pensez-vous

317 — Qu'il est doux de servir le Seigneur

CHAPITRE XIII.

Quelques règles sur la lecture.

***319.**—L'*s* entre deux voyelles se prononce comme *z*. Ex. : *rose*.

Cependant dans *parasol*, *antisocial*, *préséance* et quelques autres mots, l'*s* conserve le son ordinaire.

***320.**—L'*y* se prononce comme deux *i* au milieu des mots après une voyelle : *pays, ayant*; prononcez *pai is, ai iant*. — Dans les autres cas, il se prononce comme un *i*. Ex. : *style*.

***321.**—Les voyelles sont *longues* ou *brèves*.

Les voyelles *longues* sont celles sur lesquelles on appuie longtemps en les prononçant.

Les voyelles *brèves* sont celles sur lesquelles on passe rapidement.

Par exemple *a* est long dans *pâte* pour faire du pain, et bref dans *patte* d'animal.

> *e* est long dans *tempête*, et bref dans *trompette*.
> *i* est long dans *gîte*, et bref dans *petite*.
> *o* est long dans *apôtre*, et bref dans *dévote*.
> *u* est long dans *flûte*, et bref dans *butte*.

La plupart des voyelles *longues* portent un accent circonflexe. (A)

***322.**—LIAISON DES MOTS. — On fait la liaison entre deux mots quand le premier finit par une *consonne* et que le suivant commence par un *voyelle* ou une *h* muette. Ex. : *il doit être ici*; prononcez : *il doi têtre ici*.

En général, cette liaison consiste à lire le premier mot comme si la dernière lettre était *nulle*, et le second comme si la consonne finale du premier en faisait partie.

Ex.: *mon ami viendra*; lisez : *mo nami viendra*.

Le plus léger repos entre deux mots dispense de faire la liaison.

***323.**—MANIÈRE DE LIRE. — Quant on lit, il faut s'arrêter aux *points*, aux *virgules*, etc. — La *virgule* indique le plus petit repos; le *point-virgule* indique un repos plus long; les *deux-points* indiquent un repos encore plus long ; enfin le *point* indique le plus grand des repos.

324. — On doit aussi, en lisant, faire connaître, par des changements de voix, le sens des phrases.

Règles sur la lecture.

(L'élève lira puis épellera les mots suivants.)

519. — Maison , toison , tison , voisin , rasoir , cerise , ardoise , épouse, bise, masure, poison, cousin, poisson, coussin.

Désuétude , pusillanime , parasol , antisocial , antiseptique , préséance, présupposer.

520. — Crayon, rayon, tuyau, joyau, paysan, bruyère, moyen, loyal, royal, pitoyable, tutoyer, aboyer, nettoyer, etc.

Ypres , jury , tyran , martyr , système , syndic , physicien , mystère, synonyme, sphynx, etc.

521. — Ce petit garçon a *taché* son habit. *Tâchez* d'acquérir une bonne *prononciation.* Jules *désobéit* à son père. Il ne faudrait pas qu'on me *désobéît.* Un *pêcheur* commet des *péchés* ; un *pécheur* se livre à l'exercice de la *pêche.* Ne confondez pas les mots *mur* et *mûre* , *péché* et *pécher* , *acre* et *âcre* , *matin* et *mâtin* . *foret* et *forêt* , *hotte* et *hôte* , *chasse* et *châsse* , *mètre* et *maître.* Caïn fut *l'assassin* de son frère Abel. Il *l'assassina* de ses propres mains. Voudriez-vous qu'on vous *assassinât?* Un ange *rendit* la vue à Tobie. Je voudrais qu'on se *rendît* attentif à mes *observations.* — Le loup sort du bois quand il a faim. On loue des maisons , des chevaux et des voitures. La patience est une vertu qui nous fait supporter patiemment les maux de cette vie. Voici un jeune homme qui jeûne une fois la semaine. Mon grand père a vécu cent ans ; je voudrais que mon père vécût plus longtemps encore. Robinson fit naufrage et fut jeté , par la tempête , dans une île déserte où il resta longtemps seul. Le mois d'août a trente et un jours. Le vinaigre est sur. Je suis sûr que vous écouterez désormais mes explications.

522. — Un sac ouvert , un bœuf attelé , un chef intrépide , un local incommode, ton encrier, un trésor inépuisable, mon argent, son habit, on arrive, huit oranges, sept enfants, vingt élèves, cinq écoliers, demandez-en, retournez-y, trois endroits, nous arrivons, vous imitez, des livres ennuyeux, un affreux incendie , le second étage , un grand homme , six enfants , deux armées , un rang élevé, le sang humain, etc.

Ce magnifique jardin, entouré de murs élevés — et planté d'arbres chargés de fruits, doit être vendu demain.

523. — Abel était bon , aimable , généreux et sensible. Caïn , au contraire, était méchant , avare , jaloux et cruel. Abel offrait à Dieu ce qu'il avait de meilleur ; Caïn , ce qu'il avait de plus mauvais. Aussi Dieu aimait Abel et méprisait Caïn. Or celui-ci voyant que les présents d'Abel étaient agréables au Seigneur, entra dans une grande colère contre son frère. Et un jour il dit à Abel : Viens avec moi dans les champs. Et quand ils y furent, il se jeta sur son frère et le tua. Mais Dieu lui dit : Où est Abel ? — Il répondit insolemment : Je ne sais pas ; est-ce que je suis le gardien de mon frère ? Malheureux ! reprit le Seigneur , le sang d'Abel crie vers moi ; je te maudis , et tu seras errant et vagabond sur la terre qui a bu le sang du juste.

CHAPITRE XIV.

Quelques règles sur l'orthographe usuelle.

***325.**—Les dérivés indiquent l'orthographe des primitifs. Ainsi, *froideur* indique que *froid* finit par un *d*; *deviner* indique qu'il ne faut pas d'*a* dans *devin*.

326.—Les sept mots *complexion. connexion, flexion, fluxion, génuflexion, inflexion* et *réflexion* sont les seuls qui finissent par *xion*. — Les autres sont terminés par *ction* : *action,direction*.

327. — *Expansion* est le seul mot qui finisse par *ansion*. — Les autres se terminent par *ention* ou par *ension*.

328. — Les mots terminés par le son *eur* finissent par ces trois lettres. Ex. : *bonheur, malheur, peur*, etc. — Quatre mots font exception : *heure, beurre, demeure* et *leurre*.

***329.** — Avant *b* ou *p* on met *m*. Ex. : *embarras, compte*, etc. — Il y a trois exceptions : *bonbon, bonbonnière, embonpoint*.

330. — Le в se double seulement dans *abbaye, abbé, rabbin, sabbat* et les dérivés.

331. —Le c se double dans les mots qui commencent par *oc*.— Excepté *océan, ocre, oculaire, oculiste*.

332. — Le d se double dans *reddition, addition* et les dérivés.

333. — Le g se double dans *suggérer, agglomérer, aggraver* et les dérivés.

334.— L'f se double dans les mots qui commencent par   *af*; excepté : *afin, Afrique* et *africain*.

    ef; excepté ; *éfaufiler*.

    dif, of, suf, sans exception.

335. — L'l se double dans les mots qui commencent par *il*. — Excepté: *ile, ilot, ilote, ilotisme*.

336. — L'm se double dans les mots qui commencent par *im*.— Excepté: *image, imiter, iman* et les dérivés.

337. — Le p se double dans les mots qui commencent par *oppo* ou *oppr*. Ex.: *opposer, oppression*.

338. — L'r se double dans les mots qui commencent par *ir*.— Excepté: *irascible, iris, ironie, iroquois*.

339. — On ne double pas les consonnes : 1° après un *e* muet. Ex.: *relever, semer*; 2° après une voyelle portant un accent. Ex.: *blâme, tête*. Excepté : *chasse, châssis* et les dérivés.

De l'apostrophe, du trait d'union, etc.

340.—L'*apostrophe* indique la suppression, le retranchement de l'une des trois lettres *a, e, i*. Ex.: *l'ardeur* pour *la ardeur*; *l'ami* pour *le ami*; *s'il vient* pour *si il vient*.

341.—Le *trait d'union* se met entre plusieurs mots qui n'en forment pour ainsi dire qu'un seul: Ex. : *arc-en-ciel*.

342.—Le *tréma* se met sur une des voyelles *e, i, u*, pour indiquer que cette voyelle se prononce séparément. Ex. : *naïveté*.

343.—La *cédille* se met sous le c suivi de *a, o, u*, lorsque ce c doit avoir le son de l'*s*. Ex. : *leçon. façade, reçu*.

Règles sur l'orthographe usuelle.

N° 525.—Explication.

1° L'orthographe consiste à écrire correctement tous les mots.

2° Il y a des mots *primitifs* et des mots *dérivés*.

3° Les mots *primitifs* sont ceux qui servent à en former d'autres, qu'on appelle *dérivés*. — Ainsi, le mot *chant* est un *primitif*, et les mots *chanter*, *chanteur*, etc., qui en sont formés, sont des *dérivés*.

4° Les mots primitifs *sont plus courts* que les dérivés.

(L'élève épellera les mots suivants ; les primitifs sont en italique.)

525. — Oriental, *orient*; occidental, *occident*; montagne, *mont*; déserteur, *désertion*; Océanie, *océan*; continental, *continent*; froidure, *froid*; argenterie, *argent*; fruitier, *fruit*; raisiné, *raisin*; abricotier, *abricot*; laideur, *laid*; serpenter, *serpent*; essaimer, *essaim*; crinière, *crin*; frontal, *front*; dossier, *dos*; poignet, *poing*; piédestal, *pied*; goûter, *goût*; regarder, *regard*; disposer, *dispos*; monumental, *monument*; instantané, *instant*; hauteur, *haut*; profondeur, *profond*; planter, *plant*; chagriner, *chagrin*; cheminer, *chemin*; champêtre, *champ*; parfumeur, *parfum*; voisine, *voisin*; blonde, *blond*; grande, *grand*; petite, *petit*; adroite, *adroit*; percluse, *perclus*; instruite, *instruit*; promise, *promis*; etc.

(Dans les exercices suivants, les exceptions sont en italique.)

529 et 534. — Tombe, pompe, affaire, empire, effet, nombre, *bonbon*, affiche, temple, difficile, *afin*, membre, timbre, exemple, *embonpoint*, rampe, affection, compassion, offense, affliction, suffisance, estampe, affable, *éfaufiler*, effort, diffusion, *bonbonnière*, effrande, empêchement, difforme, suffrage, *Afrique*, affirmation, bombe, *africain*, septembre, novembre, décembre.

526 à 559. — *Réflexion*, perfection, protection, conviction, attention, pension, intention, cœur, sœur, *beurre*, bombe, *abbaye*, abeille, cadeau, *addition*, odeur, *suggestion*, agréable, regret, occupation, *océan*, occasion, afficheur, effroi, *Afrique*, effigie, diffamation, office, suffocation, illégal, *île*, illusion, immeuble, *image*, immortel, irréligion, irrégulier, *ironie*, opposant, oppression, opposition, oppressif, venir, dépenser, démolir, déjeûner, fête, maître, premier, folâtre.

Génuflexion, confection, collection, distinction, *expansion*, prétention, invention, convention, dimension, ascension, ardeur, douleur, professeur, *heure*, *demeure*, septembre, novembre, empereur, *abbé*, odorant, tabac, *bonbonnière*, *ocre*, occasion, occident, *Océanie*, regard, *agglomération*, affaiblissement, affluence, *africain*, effacer, diffamer, illustre, illisible, *îlot*, immense, immobile, *imagination*, irritation, *iroquois*, opportun, opprimer, oppresseur, régal, degré, second, dîner, prêtre, épître, chasse, *châsse*, *châssis*, *enchâsser*.

CHAPITRE XV. — Homonymes.

544. — On appelle *homonymes* des mots qui se prononcent de la même manière, comme *point* et *poing*, *autel* et *hôtel*, etc.[*]

Acquit	(quittance.) Payez-moi, je vous donnerai un *acquit*.
Acquis	(Verb. acquérir.) J'*acquis*, tu *acquis*, il a *acquis* un champ.
Aie.	(V. avoir.) Il faut que j'*aie*, que tu *aies*, qu'ils *aient*.
Ais	(planche.) On vendra des *ais* de bateau.
Es	(V. être.) Tu *es*, il *est* honnête homme.
Haie.	Ce jardin est entouré d'une *haie*.
Hais	(V. haïr.) Je *hais*, tu *hais*, il *hait* les menteurs.
Air	L'*air* est invisible. Ce monsieur a l'*air* agréable.
Aire.	L'*aire* de cette grange est usée. Le nid de l'aigle s'appelle *aire*.
Ère.	L'*ère* chrétienne commence à la naissance de J.-C.
Erre.	(v. errer.) J'*erre*, tu *erres*. Les loups *errent* dans les bois.
Hère.	Un pauvre *hère* est un homme sans mérite.
Are.	L'*are* est un carré de dix mètres de côté.
Art.	Le dessin est l'*art* de représenter les objets.
Arrhes	(f. pl., gages.) On m'a demandé des *arrhes*.
Hart	Une *hart* est un lien d'osier ou de bois pliant.
Au, aux.	On ne doit donner que de bons conseils *aux* enfants.
Haut.	Cet arbre est *haut*. Les géants étaient *hauts*.
Eau.	L'*eau* de mer est salée. Les *eaux* du déluge.
Os.	Les chiens rongent les *os*.
Caen.	La ville de *Caen* renferme plus de 40,000 habitants.
Quand.	*Quand* viendrez-vous me voir?
Quant à.	*Quant* à moi je ne promets rien.
Celle	(fém. de celui.) *Celle*-ci me plaît.
Sel.	Le *sel* conserve les aliments.
Selle.	Ce cheval a une jolie *selle*.
Cène.	La *Cène* est le dernier repas du Sauveur.
Saine.	Cette nourriture n'est pas *saine*.
Scène.	Les acteurs jouent sur la *scène*.
Seine.	La *Seine* est un fleuve qui traverse Paris.
Cent.	L'hectare vaut *cent* ares.
Sang.	Le *sang* coule dans les veines.
Sans.	*Sans* la vertu, on est toujours malheureux.
Sens.	C'est un homme de bon *sens*. Le *sens* d'une phrase.
Sent.	(v. sentir.) Je *sens*, tu *sens*. Cette fleur *sent* bon.
Chair.	Les animaux carnassiers mangent de la *chair*.
Chaire.	Le prédicateur est monté en *chaire*.
Cher.	Le pain est quelquefois bien *cher*. Mon *cher* ami.
Chère.	Faire bonne *chère*, c'est se bien nourrir.
Cinq.	*Cinq* fois *cinq* font vingt-*cinq*.
Sain.	Un aliment est *sain* s'il est bon pour la santé.
Saint.	*Saint* Pierre était le chef des apôtres.
Sein.	L'enfant dort sur le *sein* de sa mère.
Seing.	Un acte sous *seing* privé. Des blanc-*seings*.

---

[*] Les *synonymes* sont des mots qui ont à peu près la même signification, comme *mur* et *muraille*. Il ne faut pas les confondre avec les *homonymes*.

Laid.   (vilain.) Ce chien est fort *laid*.
Lait.   Nous avons bu du *lait*. Du café au *lait*.
Legs.   On m'a fait un *legs* de dix mille francs.
Les   *Les* Nègres ont *les* dents très-blanches.
Mai.   Le mois de *mai* est le cinquième mois de l'année.
Mais.   Je voudrais vous être utile, *mais* je ne le puis.
Mes.   *Mes* amis et *mes* voisins sont venus me voir.
Mets.   La table était chargée de *mets* excellents.
Met   (v. mettre.) Je *mets*, tu *mets*, il *met* tout en ordre.
Mer.   Une *mer* est une grande étendue d'eau.
Mère.   Honorez votre père et votre *mère*.
Maire.   Il y a un *maire* dans chaque commune.
Mètre.   Il y a peu d'hommes qui aient deux *mètres* de haut.
Mettre.   (v. mettre.) Il faut *mettre* chaque chose à sa place.
Maître.   Le serviteur doit obéir à son *maître*.
Ni.   *Ni* vous *ni* moi ne sommes savants.
Nid.   L'oiseau fait son *nid*. J'ai aperçu deux *nids*.
N'y.   Il *n'y* a pas de danger. Tu *n'y* songes pas.
Nie.   (v. nier.) Je *nie*, tu *nies*, il *nie* un fait certain.
Pair.   Huit est un nombre *pair*. La chambre des *pairs*.
Paire.   Une *paire* de bottes. Une *paire* de souliers.
Père.   Votre *père* est content de vous.
Perd.   (v. perdre.) Je *perds*, tu *perds*, il *perd* tout ce qu'il a.
Raine.   Une *raine* est une espèce de grenouille.
Reine.   La *reine* est la femme du roi.
Renne.   Le *renne* est un animal très-utile.
Rennes.   La ville de *Rennes* est en Bretagne.
Saut.   Faire le *saut* périlleux. Aller par *sauts* et par bonds.
Seau.   Tirer un *seau* d'eau.
Sceau.   Le *sceau* de la mairie. Le garde des *sceaux*.
Sceaux.   La ville de *Sceaux* est à quelques lieues de Paris.
Sot.   Il n'est pas rare de voir un *sot* faire l'homme d'esprit.
Si.   *Si* on fait une faute, il faut la réparer.
Six.   *Six* décalitres font soixante litres.
Scie.   Cette *scie* ne vaut rien. Je *scie*, tu *scies*, il *scie*.
Teint.   Ce jeune homme a le *teint* frais.
Tint   (v. tenir.) Je *tins*, tu *tins*, il *tint* parole.
Thym.   Le *thym* a une odeur agréable.
Ton.   *Ton* crayon, *ton* canif. Ce *ton* est trop élevé.
Taon.   Un *taon* est une grosse mouche.
Thon.   Le *thon* est un poisson de mer.
Tond   (v. tondre.) Je *tonds*, tu *tonds*, le berger *tond* ses brebis.
Vin.   La plupart des Français boivent du *vin*.
Vain.   Plus on est sot, plus on est *vain*.
Vingt   *Vingt* grammes font deux décagrammes.
Vainc   (v. vaincre.) Je *vaincs*, tu *vaincs*, il *vainc* ses ennemis.
Vint   (v. venir.) Je *vins*, tu *vins*, il *vint* me voir hier.
Ver   Un *ver* de terre. Notre corps servira de pâture aux *vers*.
Verre.   Un *verre* de vin. Deux *verres* de cidre.
Vers.   Racine et Boileau ont fait de beaux *vers*.   [malsains.
Vert   Un habit *vert*. Du bois *vert*. Les fruits *verts* sont très-

PROCÉDÉ.—*Dem.*—De combien de manières peut s'écrire *acquis*?—*Rép.*—Acquis s'écrit de deux manières : 1° *q-u-i-t*, *quittance*; *payez-moi, je vous donnerai un acquit*; 2° *q-u-i-s*, etc.

CHAPITRE XVI.

Expressions vicieuses.

Ne dites pas :	Dites :
345. — *Assis*-toi.	*Assieds*-toi.
Où *restez*-vous?	Où *demeurez*-vous?
Une *arche* de triomphe.	Un *arc* de triomphe.
La terre est *sec*.	La terre est *sèche*.
De *la bonne* amadou.	De *bon* amadou.
Une ville *conséquente*.	Une ville *importante*.
Il faut *balier* la maison.	Il faut *balayer* la maison.
Donnez-moi mon *caneçon*.	Donnez-moi mon *caleçon*.
Donnez-*moi-le*, prêtez-*nous-les*.	Donnez-*le-moi*, prêtez-*les-nous*.
Allez dans le *colidor*.	Allez dans le *corridor*.
Dix et dix *sont* vingt.	Dix et dix *font* vingt.
Evitez-moi cette peine.	*Épargnez*-moi cette peine.
Une maison *consommée* par le feu	Une maison *consumée* par le feu.
346. — Une *castrole*.	Une *casserole*.
Ce Monsieur est *farce*.	Ce Monsieur est *farceur*.
Le *gisier d'un* dinde.	Le *gisier d'une* dinde.
Un affreux *oragan*.	Un affreux *ouragan*.
C'est une rue très-*passagère*.	C'est une rue très-*fréquentée*.
J'irai *vers les midis précises*.	J'irai *à midi précis*.
Je vous *promets* que cela est.	Je vous *assure* que cela est.
Un arbre tombe *à* terre.	Un arbre tombe *par* terre.
Les fruits tombent *par* terre.	Les fruits tombent *à* terre.
Un insecte *vénéneux*.	Un insecte *venimeux*.
Une plante *venimeuse*.	Une plante *vénéneuse*.
J'ai vu sept *à* huit personnes.	J'ai vu sept *ou* huit personnes.
La maison *à* mon frère.	La maison *de* mon frère.
Quelle heure *qu'il est?*	Quelle heure *est-il?*
Le quart moins de midi.	*Midi moins* 1/4 ou 11 h. 3/4.
Nous avons plusieurs endroits à aller.	Nous devons aller dans plusieurs endroits
347. — *Au jour d'aujourd'hui*.	*Aujourd'hui*.
Je *me suis en allé*.	Je *m'en suis allé*.
Une heure de temps.	Une heure, une heure entière.
Passer l'été *en* campagne.	Passer l'été *à la* campagne.
Il est aussi fort *comme* moi.	Il est aussi fort *que* moi.
Ainsi donc, vous avez tort.	*Ainsi*, vous avez tort.
Vous êtes bien *matineux* aujourd'hui.	Vous êtes bien *matinal* aujourd'hui.
Il saigne souvent *au* nez.	Il saigne souvent *du* nez.
Tant *pire*.	Tant *pis*.
Combien *que tu en as?*	Combien *en as-tu?*
Je vous *demande excuse*.	Je vous *demande pardon*.
Nous dînerons; *puis ensuite* nous partirons.	Nous dînerons; *puis* nous partirons.
C'est *là où* je demeure.	C'est *là que* je demeure.
C'est à la ville *où* je vais.	C'est à la ville *que* je vais.
Le général *attaqua et s'empara* de la place.	Le général *attaqua la place et s'en empara*, ou bien *attaqua et prit* la place.
Ce jeune homme est *utile et chéri de sa famille*.	Ce jeune homme est *utile à sa famille et en est chéri*.

Supplément. *

(Repasser les n°° 13, observ. 150, 279, 280, 281, 282, 283. — 284 à 288. —
297, 298, 300 à 307. — 310 à 319.)

348. — Il ne faut pas, en écrivant, répéter trop souvent les
même mots. Ainsi, au lieu de dire : *Saül donna sa cuirasse et
son casque à David, et* DAVID *ceignit l'épée de* SAUL ; *mais
comme* DAVID *ne pouvait marcher avec les armes de* SAUL,
DAVID *ôta les armes de* SAUL *et prit les siennes;* on dit, en em-
ployant des pronoms et des synonymes : *Saül donna sa cuirasse
et son casque à David,* QUI *ceignit l'épée* DU ROI; *mais comme
le* JEUNE BERGER *ne pouvait marcher avec les armes de Saül,* IL
LES *ôta et prit les siennes.*

349. — Dans une phrase, le même pronom, s'il est répété, doit
toujours remplacer le même nom. — Ce serait donc s'exprimer d'une
manière incorrecte que de dire : *voici un* étranger QUI *m'a demandé le* chemin QUI *conduit à la ville,* parce que le premier *qui* re-
présente *étranger,* et le second, *chemin.* On peut dire: *voici un*
étranger QUI *m'a demandé le* chemin CONDUISANT *à la ville.*

350. — On peut se servir du *présent* à la place du *passé* pour
rendre le récit plus vif, plus animé. Ex.: *Joseph se* FAIT *reconnaî-
tre à ses frères ; il leur* PARDONNE, *les* EMBRASSE *et les* RASSURE.

Mais il faut alors que *tous* les verbes de la même phrase soient
au *présent.* Ainsi, dans l'exemple précédent, il ne faudrait pas
dire : *puis il leur* PARDONNA, *les* EMBRASSA *et les* RASSURA.

351. — On ne doit pas donner à un verbe un autre complément
que celui qu'il exige. — Ne dites donc pas: *parler* QUELQU'UN, *je*
LE *parlerai ;* dites : *parler* A *quelqu'un, je* LUI *parlerai,* car le
verbe *parler* veut un complément *indirect.*

352. — Quand deux verbes ne veulent pas le même complément, il faut donner à chacun le complément qui lui convient. —
Ainsi, on doit dire : *le général* attaqua LA VILLE *et* S'EN *empara,*
et non: *le général* attaqua *et s'empara* DE LA VILLE, parce que le
verbe *attaquer* demande un complément *direct,* tandis que *s'emparer* veut un complément *indirect.*

353. — Si un verbe a plusieurs compléments, le plus court se
place le premier. Ex : *j'ai appris* ma leçon *en une demi-heure.*

354. — OBSERVATIONS. — Avant d'écrire une *lettre,* une *péti-
tion,* etc., il *faut chercher ce qu'on doit dire,* et comment il
convient de le dire.

On doit s'appliquer à *parler français,* et mettre soigneuse-
ment l'*orthographe* et la *ponctuation.*

Il faut aussi s'exprimer *clairement,* sans pour cela répéter inu-
tilement plusieurs fois la même chose.

Enfin on doit employer les termes qui conviennent à la qualité
et à la position de la personne à laquelle on s'adresse.

TABLE DES MATIÈRES.

CAEN. — IMP. DE Vᵉ PAGNY.

9 782014 453560